Anna Merzinger

Advent und Weihnachten in der Grundschule

Oldenbourg

PRÖGEL PRAXIS 231

Bibliografische Information Der Deutschen Bibliothek
Die Deutsche Bibliothek verzeichnet diese Publikation in der Deutschen Nationalbibliografie; detaillierte bibliografische Daten sind im Internet über <http://dnb.ddb.de> abrufbar.

Das Papier ist aus chlorfrei gebleichtem Zellstoff hergestellt, ist säurefrei und recyclingfähig.

1. Auflage 2004

Druck 08 07 06 05 04
Die letzte Zahl bezeichnet das Jahr des Drucks.
Alle Drucke dieser Auflage sind untereinander unverändert
und im Unterricht nebeneinander verwendbar.

Umschlagkonzept: Mendell & Oberer, München
Umschlaggestaltung und -illustration: Lutz Siebert-Wendt
Lektorat: Claudia Passek, Silvia Regelein
Herstellung: Fredi Grosser
Zeichnungen: Kristina Klotz, München
Satz: Greipel-Offset, Haag/Obb.
Druck und Bindung: Schneider Druck GmbH, Rothenburg ob der Tauber

ISBN 3-486-**96031**-8

Inhalt

Vorwort

Die Adventszeit ist in besonderer Weise geeignet, die verschiedenen Sinne und kreativen Gestaltungskräfte der Kinder anzusprechen. Dieses Buch bietet dazu vielfältige Bausteine an.

Die Lehrerin* kann je nach persönlichen Schwerpunkten einzelne Elemente des Buches für den eher gelenkten Unterricht oder für den Wochenplanunterricht und die Freiarbeit herausgreifen. Kurze Anleitungen, Texte und Kopiervorlagen für die Lehrerin sowie Handlungs- und Informationskarten für die Kinder ermöglichen ein rasches Umsetzen der Ideen im Unterricht. Gerade die Aktivitätskarten für die Kinder unterstützen die eigenständige Sinnentnahme aus Texten und fördern das soziale Lernen in der Kleingruppe. **Es empfiehlt sich, alle kopierfähigen Vorlagen auf 150 % zu vergrößern (entspricht in etwa DIN-A4-Format).**

Das Buch greift sowohl die handlungsbezogenen als auch die eher meditativen Aspekte der Vorweihnachtszeit auf. Deshalb werden neben Spielen, dekorativen Ideen, Theaterstücken und Kochrezepten auch Vorschläge zum Gestalten von besinnlichen Erzählkreisen gemacht.

Da die Adventszeit eine Zeit des gemeinsamen Feierns innerhalb der Klassen- und Schulgemeinschaft ist, bietet das Buch Anregungen für kleine Theaterstücke, freie Stegreifstücke sowie zum vielseitigen Darstellen von Liedern und Gedichten.

Einen besonderen Schwerpunkt bildet das kreative Schreiben. Die Kinder werden motiviert, eigene Bücher, besondere Briefe oder Gedichte zu verfassen. Die dabei entstandenen Werke lassen sich im Sinne des integrativen Prinzips in musischen Unterrichtseinheiten weiter ausgestalten.

In unserer stark vom Konsum geprägten Zeit werden viele Kinder immer mehr in die Rolle von passiven Beobachtern zurückgedrängt. Sie erfahren die Vorweihnachtszeit, insbesondere in der Werbung, oft nur noch als buntes, hektisches Medienspektakel. Dieses Buch will einen Beitrag dazu leisten, dass Kinder die Adventszeit wieder bewusster mit allen Sinnen, lustbetont und aktiv erleben.

Anna Merzinger

* Aus Gründen der leichteren Lesbarkeit und aufgrund der Tatsache, dass in der Grundschule vorwiegend Frauen unterrichten, wird der Begriff „Lehrerin“ verwendet.

1. Brauchtum in der Advents- und Weihnachtszeit

Ein Adventskalender für schlaue Kinder

Jeden Tag erfahren die Kinder auf einer der vierundzwanzig Informationskarten Wissenswertes über weihnachtliches Brauchtum und werden zum eigenen Gestalten angeregt. Die Lehrerin bringt die Karten selber in eine gewünschte Reihenfolge. Dabei können Karten, die auf Wochenenden treffen, entweder weggelassen oder als motivierende Gestaltungstipps mit nach Hause genommen werden.
Die Informationskarten werden in Form eines Adventskalenders präsentiert.

• *Tipp 1*
Die Karten werden auf farbiges Tonpapier geklebt und zu einem Kalender gebunden.

• *Tipp 2*
Die Lehrerin legt jede Karte in einen Briefumschlag (DIN A5). Der Umschlag wird mit weihnachtlichen Motiven verziert und mit einer Nummer versehen. Buntes Tonpapier verstärkt die Informationskarten. Die Umschläge werden an eine Leine gehängt. Nach dem Öffnen befestigt die Lehrerin die Karte an der Leine, damit die Informationen zum Brauchtum und die dazu passenden Gestaltungsideen präsent bleiben.

• *Tipp 3*
Die Kinder malen ein großes Adventshaus. Die Umschläge mit den Informationskarten (siehe Tipp 2) werden als Fenster auf dem Adventshaus befestigt. Nach dem Öffnen eines Umschlages wird die Informationskarte auf das Haus geklebt.

Die Informationskarten im Überblick:

- Adventskranz
- Adventskalender
- Advent
- Weihnachtsmarkt
- Barbaratag
- Nikolaustag
- Schneekugeln
- Weihnachten
- Weihnachtsgrüße
- Weihnachtsbaum
- Christbaumschmuck
- Weihnachtsmann und Christkind
- Lucia-Fest
- Weihnachtskrippe
- Stille Nacht
- Weihnachten in Dänemark
- Weihnachten in Schweden
- Weihnachten in England
- Weihnachten in Italien
- Weihnachten in Spanien
- Weihnachten in Russland
- Die Heiligen Drei Könige
- Silvester
- Neujahr

Informationskarten für den Adventskalender

Adventskranz

Erst seit ungefähr 100 Jahren schmücken Menschen ihre Wohnungen in der Vorweihnachtszeit mit Adventskränzen. Zunächst war der Adventskranz vor allem in Norddeutschland üblich. Einer der Ersten, der einen Adventskranz aufstellte, war Johann Hinrich Wichern. Er gründete das so genannte „Rauhe Haus“ in Hamburg. Dort lebte er mit Kindern und Jugendlichen, die keine Familie mehr hatten. Um den Kindern die Zeit bis Weihnachten zu verkürzen, schmückte er einen großen Kronleuchter mit viel Tannengrün und befestigte 24 Kerzen daran. Jeden Tag zündete er eine Kerze mehr an. Solche großen Adventskränze kann man heute gelegentlich noch in Niederösterreich bewundern. Ansonsten hat sich der Adventskranz mit vier Kerzen durchgesetzt. Jeden Sonntag wird eine Kerze mehr angezündet. Das wichtigste Zeichen am Adventskranz ist das bis Weihnachten immer stärker werdende Licht. Es verdeutlicht die zunehmende Hoffnung auf die Geburt des Retters Jesus Christus.

Tipps:

- Schmückt einen Adventskranz. Versammelt euch täglich um seine Lichter. Erzählt euch Geschichten oder singt Adventslieder.
- Stellt eine kleine Krippe auf und legt darum eine Spirale mit 24 Teelichtern. Zündet jeden Tag ein Licht mehr an. Beginnt außen. Besonders schön wirkt die Lichterspirale im abgedunkelten Raum.

Adventskalender

Der erste Adventskalender wurde 1904 gedruckt. Er bestand damals aus zwei gleich großen Bögen Pappe. Ein Bogen war mit Sprüchen bedruckt, der andere Bogen mit bunten Bildern. Jeden Tag schnitten die Kinder ein Bild aus, lasen einen Spruch und klebten das Bild dann auf den Vers. Doch warum wurde der Adventskalender erfunden? Zu dieser Zeit lebte in München ein kleiner Junge namens Gerhard Lang. Ständig quälte er seine Eltern mit der Frage, wann endlich Weihnachten sei. Da hatte seine Mutter eine tolle Idee. Sie legte in 24 kleine Schachteln Plätzchen. Auf jede Schachtel schrieb sie eine Zahl und klebte die Schachteln auf einen großen Karton. Der kleine Gerhard durfte jeden Tag eine Schachtel öffnen und die Plätzchen verspeisen. Weil den Eltern von Gerhard auch eine Druckerei gehörte, gestalteten sie einen Adventskalender mit Bildern und Sprüchen für ungeduldige Kinder.

Tipp:

- Beklebt ein großes Stück Karton mit weihnachtlichem Geschenkpapier oder malt ein großes Haus auf die Pappe. Klebt dann 24 Zündholzschachteln auf den Karton. Legt in jede Schachtel eine kleine Süßigkeit oder ein schönes Bild. Ihr könnt auch kurze Gedichte aus dem Lesebuch auf kleine Zettel schreiben und in die Schachteln legen.

Advent

Das Wort Advent kommt vom lateinischen Wort *adventus,* das *Ankunft* bedeutet. Für die Christen umfasst der Advent die vier Wochen vor Weihnachten.
Die Adventszeit beginnt mit dem Tag des heiligen Andreas am 30. November, wenn dieser Tag ein Sonntag ist. Ansonsten fängt der Advent mit dem ersten Sonntag danach an. Mit dem Advent beginnt das neue Kirchenjahr. In der Adventszeit bereiten sich die Christen auf die Feier der Geburt Jesu Christi vor.

Tipp:

- Versammelt euch jeden Tag während der Adventszeit um ein Adventslicht. Dazu könnt ihr einen großen Korb mit der Öffnung nach unten aufstellen. Auf dem Boden des Korbes befestigt ihr eine große Kerze. Schmückt euer Licht mit einem Tannenzweig, etwas Moos und einigen kleinen Zapfen.

Weihnachtsmarkt

Der Weihnachtsmarkt wird an manchen Orten auch *Christkindlmarkt* genannt. Er findet während der Adventszeit statt. Auf dem Weihnachtsmarkt werden Christbaumschmuck, Gegenstände aus Wachs, Krippenfiguren, Spielzeug und weihnachtliche Spezialitäten wie Lebkuchen, Gebäck und Glühwein angeboten. Vermutlich gibt es den Münchner Christkindlmarkt schon rund 700 Jahre. In Nürnberg besteht der Christkindlmarkt seit etwa 400 Jahren. Bekannt sind auch die Weihnachtsmärkte in Dresden, Frankfurt und Leipzig.

Tipp:
- Plant einen Weihnachtsmarkt in eurer Klasse oder an eurer Schule. Überlegt, wer beispielsweise Christbaumschmuck, Weihnachtskarten oder Fensterbilder basteln könnte. Vielleicht wollt ihr auch Plätzchen und Punsch anbieten.

Barbaratag

Der Legende nach lebte Barbara in der türkischen Stadt Nikomedia, die heute Izmit heißt. Ihr Vater war ein reicher heidnischer Kaufmann. Bevor er auf eine weite Reise ging, ließ er seine Tochter in einen Turm sperren, um sie vor allen Gefahren zu schützen. In seiner Abwesenheit wurde Barbara eine Christin. Ihr Vater lehnte das Christentum ab. Aber Barbara wollte ihren Glauben an Jesus nicht aufgeben. Da brachte sie der Vater selbst ins Gefängnis. Auf dem Weg dorthin blieb ihr Kleid an einem Kirschzweig hängen. Barbara stellte den kahlen Zweig im Gefängnis in einen Krug mit Wasser. Als sie schließlich zum Tode verurteilt wurde, trug der Zweig Blüten.
Am 4. Dezember wird der Tag der Barbara gefeiert. An diesem Tag schneiden die Leute Zweige von Kirschbäumen, Apfelbäumen oder Forsythien ab. Bei guter Pflege blühen die Zweige zu Weihnachten.

Tipp:
- Besorgt euch Zweige und kratzt von den schräg abgeschnittenen Enden die Rinde ab. Legt die Zweige eine Nacht in lauwarmes Wasser. Stellt die Zweige dann in eine Vase und wechselt alle drei Tage das Wasser. Vielleicht schmückt ihr den kahlen Zweig auch mit Zetteln, auf die ihr eure größten Wünsche schreibt.

Nikolaustag

Nikolaus lebte in der Türkei. Er hatte reiche Eltern. Nach ihrem Tod teilte er seinen Reichtum mit den Armen. Nikolaus half besonders den Kindern. Später wurde er zum Bischof von Myra gewählt. Für viele Menschen wurde der Bischof Nikolaus wegen seiner Hilfsbereitschaft zu einem großen Vorbild. Wir feiern den Tag des Nikolaus am 6. Dezember. An vielen Orten stellen die Kinder schon am Vorabend ihre Stiefel vor die Tür, die dann mit Süßigkeiten und kleinen Geschenken gefüllt werden.

Tipp:

- Beschenkt euch gegenseitig am Nikolaustag. Legt dazu in eine rote Serviette eine kleine Süßigkeit oder einen Zettel mit einem lieben Wunsch. Bindet die Serviette mit einem Geschenkband zu einem kleinen Säckchen zusammen. Legt eure Nikolaussäckchen einem Kind der Klasse auf den Platz oder verteilt die Säckchen an eurer Schule.

Schneekugeln

Sicher habt ihr schon einmal eine Schneekugel geschüttelt und euch dann am Schneegestöber in der Kugel erfreut.
1950 kam der Fabrikbesitzer Bernhard Koziolsen auf die Idee, solche Schneekugeln zu bauen. Er machte gerade mit seinem VW-Käfer eine Reise durch den verschneiten Odenwald. Da sah er in den Rückspiegel durch das ovale Heckfenster seines Autos. Plötzlich beobachtete er, wie ein Reh über die Straße sprang. Die Idee zur ersten Schneekugel mit einem Reh in der Winterlandschaft war geboren.
Heute gibt es viele verschiedene Motive für Schneekugeln. Manche Leute besitzen große Sammlungen von solchen Kugeln.

Tipp:

- Baut euch eine Schneekugel. Dazu braucht ihr ein leeres Marmeladenglas mit Schraubdeckel, eine kleine Figur (z. B. Christbaumanhänger), Kraftkleber, Kokosflocken und Wasser. Klebt die Figur innen auf den Deckel. Füllt das Glas mit Kokosflocken und Wasser. Schraubt dann den Deckel auf das Glas und schüttelt kräftig.

Weihnachten

An Weihnachten feiern die Christen die Geburt Jesu. Die Heilige Nacht wird am 24. Dezember und der erste Weihnachtstag am 25. Dezember gefeiert.
Früher feierten die Römer um die Weihnachtszeit herum ein großes Fest zu Ehren des Erntegottes Saturn. In Nordeuropa verbrannten die Menschen zur Wintersonnenwende am 22. Dezember große geschmückte Baumstämme zu Ehren der Götter und der Sonne, die heller scheinen sollte. Die Christen wählten diesen Zeitraum für das Weihnachtsfest, weil für sie Christus die dunkelste Zeit des Jahres erhellen sollte.
Erst seit dem Mittelalter ist es Brauch, an Weihnachten eine Krippe aufzustellen und Weihnachtslieder zu singen. Später schmückte man Christbäume.
Weihnachten wird als Fest der Familie gefeiert. Meistens versammeln sich alle zu einem festlichen Essen. Häufig besuchen die Familien gemeinsam Gottesdienste. Natürlich gehört zum Weihnachtsabend auch das Auspacken von Geschenken dazu.

Tipps:

- Gestaltet mit Moos, Tannengrün, Wurzeln und Zapfen eine Krippenlandschaft. Formt Krippenfiguren aus Ton oder Salzteig. Ihr könnt einfache Figuren auch aus Pfeifenputzern, Wattekugeln und Filzresten basteln.
- Schmückt die Fenster mit Sternen.
- Baut ein Weihnachtszimmer im Schuhkarton nach. Für alle Figuren zeichnet ihr eine Standfläche zum Umknicken und Aufkleben dazu. Zeichnet einen großen Weihnachtsbaum, Eltern und Kinder auf ein Stück Karton und schneidet die Figuren aus. Beklebt Zündholzschachteln mit Geschenkpapier und legt sie unter den Christbaum. Baut aus kleinen Schachteln Möbelstücke.

Weihnachtsgrüße

An Weihnachten ist es Brauch, Verwandten und Freunden Karten mit Weihnachtsgrüßen zu schicken. Hier könnt ihr Weihnachtsgrüße in verschiedenen Sprachen lesen. Vielleicht habt ihr Lust, die Länder auf dem Globus zu suchen oder die Flaggen zu den Ländern zu malen.

China: **Shang dan jie kuai le**
Tschechien: **Radostné Vánoce a št'astný nový rok!**
England: **Merry Christmas**
Finnland: **Hyvää joulua**
Frankreich: **Joyeux Noël**
Griechenland: **Kala Christoujenna**
Irak: **Idah Saidan Wa Sanah Jadidah**
Albanien: **Gezur Krislinjden**
Argentinien: **Feliz Navidad**
Armenien: **Shenoraavor Nor Dari yev Pari Gaghand**

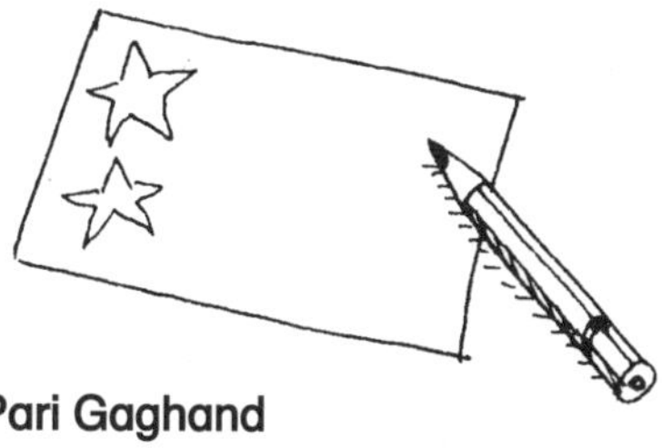

Tipps:

- Gestaltet Weihnachtskarten mit Weihnachtsgrüßen aus aller Welt. Schreibt dazu die Weihnachtsgrüße in verschiedenen Sprachen kreuz und quer auf farbiges Tonpapier. Verwendet bunte Stifte zum Schreiben. Schneidet dann ein Stück Papier in der gewünschten Kartengröße aus. Faltet das Papier und schreibt in die Karte einen Weihnachtsbrief.
- Stellt Geschenkpapier mit Weihnachtsgrüßen aus aller Welt her. Verwendet dazu einen Bogen Packpapier.

Weihnachtsbaum

Im Jahr 1419 stellten Bäckergesellen einen Weihnachtsbaum in Freiburg im Breisgau auf. Sie schmückten den Baum mit Lebkuchen, Äpfeln, gefärbten Nüssen, Goldstreifen und Papier. Aber erst vor ungefähr 200 Jahren setzte sich allmählich der Brauch durch, die Wohnungen zu Weihnachten mit einem Christbaum zu schmücken.

Tipp:
- Schmückt einen Mini-Weihnachtsbaum. Schneidet einen schönen Zweig von einem Nadelbaum ab. Füllt einen Blumentopf mit Steckmasse und befestigt euren Zweig darin. Schmückt den Zweig mit Lametta, kleinen Zapfen und Strohsternen. Haltet die Steckmasse im Blumentopf feucht. Natürlich könnt ihr den Zweig auch in eine Vase mit Wasser stellen.

Christbaumschmuck

Im Jahr 1870 wurde der Christbaumschmuck bereits in Fabriken hergestellt. Übrigens versuchte man in dieser Zeit, erste künstliche Weihnachtsbäume aus Draht herzustellen. Besonders großes Aufsehen erregte es, als 1882 der erste Weihnachtsbaum in den USA mit elektrischen Lichtern beleuchtet wurde.

Tipp:
- Bastelt euren Christbaumschmuck selber. Sprüht kleine Zapfen und Nüsse mit Goldspray an. Klebt Girlanden aus Goldfolie. Biegt aus dünnem Draht Sterne oder kleine Tannenbäume und umwickelt sie mit glitzernden Silber- oder Goldfäden. Vielleicht könnt ihr mit dem gebastelten Christbaumschmuck den Weihnachtsbaum an eurer Schule schmücken oder ihr verkauft den Christbaumschmuck auf dem Weihnachtsbasar. Sicher freuen sich auch Freunde und Verwandte über den selbst gemachten Schmuck.

Weihnachtsmann und Christkind

Im Norden Deutschlands bringt meist der Weihnachtsmann mit einem Rentierschlitten den Gabensack. Dagegen beschenkt in Süddeutschland häufig das Christkind in der Gestalt eines Engels die Kinder. Übrigens war es zunächst nur üblich, Kindern Süßigkeiten als Geschenke zu bringen.

Tipps:

- Bastelt einen Weihnachtsmann. Klebt aus einem rechteckigen, roten Tonpapier eine Tüte. Klebt mit Watte Haare und Bart fest. Malt ein Gesicht auf. Versteckt kleine Süßigkeiten unter dem Weihnachtsmann. Jeden Tag nimmt sich ein anderes Kind eine Süßigkeit.
- Bringt bei euch das Christkind die Geschenke, dann klebt aus weißem Papier eine Tüte. Verziert die Tüte, indem ihr zusätzlich Spitzen aus Tortendeckchen aufklebt. Malt auf eine Wattekugel ein Engelsgesicht und klebt etwas Engelshaar fest. Befestigt diesen Kopf an der Spitze der Papiertüte. Schneidet aus Goldfolie Flügel aus und klebt sie an den Seiten der Tüte fest.

Lucia-Fest

Lucia lebte in Syrakus auf der Insel Sizilien. Sie wurde wegen ihres christlichen Glaubens hingerichtet.
Das Fest der Lucia wird am 13. Dezember in Schweden gefeiert. Die Kinder bringen ihren Eltern am Morgen Speisen ans Bett. Die älteste Tochter spielt dabei Lucia. Sie ist weiß gekleidet. Auf dem Kopf hat sie einen Kranz mit brennenden Kerzen. Die so gekleidete Lucia geht außerdem mit ihren Gaben von Tür zu Tür. In Schweden finden am Lucia-Festtag viele Paraden und Feiern statt.

Tipps:

- Gießt aus Wachsresten bunte Kerzen.
- Bastelt einfache Tischlaternen. Beklebt dazu ein leeres Marmeladenglas mit Schnipseln aus Transparentpapier.
- Bewegt euch zu einem bekannten Weihnachtslied im Kreis. Tragt dabei eure gebastelten Tischlaternen in der Hand.

Weihnachtskrippe

Im Jahr 1223 stellte Franz von Assisi das Weihnachtsgeschehen für die armen Bauern und Hirten dar. Mitten im Wald ließ er eine mit Heu gefüllte Futterkrippe aufstellen. Daneben stellte er einen lebendigen Ochsen und einen Esel. Ab dem Mittelalter wurden in Süditalien, Frankreich, Tirol und Bayern prächtige Weihnachtskrippen geschnitzt. Auch heute werden zur Weihnachtszeit gerne schöne Krippen in Kirchen, Museen oder Rathäusern ausgestellt. Viele Familien bauen jedes Jahr eine Krippe auf.

Tipps:
- Übt ein kurzes Krippenspiel für die Weihnachtsfeier ein.
- Stellt in der Gruppe eine Krippenszene dar. Verkleidet euch dazu. Fotografiert die Krippenszene und schmückt eure Weihnachtskarten mit den Fotos.

Stille Nacht

Dieses wohl bekannteste Weihnachtslied entstand am 24. Dezember des Jahres 1818, und zwar in aller Eile. An diesem Tag kam Joseph Mohr zum Orgelspieler Franz Gruber. Er bat ihn, zu seinem Gedicht eine passende Melodie zu finden. Ausgerechnet an diesem Tag ging die Orgel nicht. Vermutlich hatte eine Maus die Blasebälge angeknabbert. Trotzdem machte sich Franz Gruber gleich an die Arbeit und schrieb eine stimmungsvolle Melodie. Noch am selben Abend wurde in der kleinen Dorfkirche in Oberndorf das Lied während der Christmette gesungen und mit der Gitarre begleitet.

Tipp:
- Sucht in Lieder- und Gesangbüchern nach Weihnachtsliedern. Übt die Lieder ein. Besucht Menschen in Krankenhäusern oder Altenheimen und singt dort eure Lieder vor.

Weihnachten in Dänemark

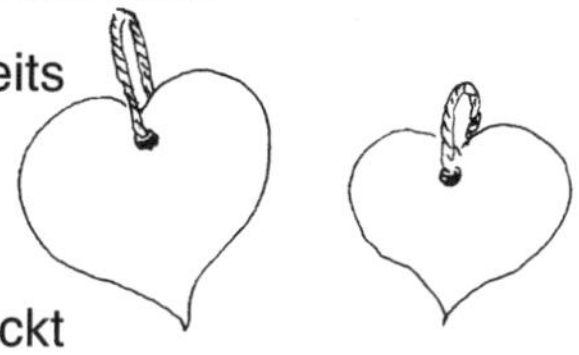

In Dänemark beginnt das Weihnachtsfest bereits am 23. Dezember mit dem *Lillejuleaften.* Das bedeutet so viel wie „kleiner Heiliger Abend“.
An diesem Tag stellen einige Dänen einen Weihnachtsbaum ins Wohnzimmer. Geschmückt wird der Baum aber erst am nächsten Morgen, und zwar mit kleinen dänischen Fähnchen und Papierherzchen. Am Abend des 24. Dezembers besuchen viele Dänen den Gottesdienst. Außerdem trifft sich die Familie zu einem Festessen. Es gibt Enten-, Gans- oder Schweinebraten. Zum Nachtisch essen die Dänen einen süßen Reispudding, der *Risalamande* genannt wird. Wer in seinem Reispudding eine versteckte Mandel findet, hat besonderes Glück. Er erhält nämlich ein Extrageschenk.
Nach dem Essen singt die Familie unter dem Weihnachtsbaum. Manchmal wird auch aus der Bibel vorgelesen oder fröhlich um den Christbaum getanzt.

Tipps:
- Sucht Dänemark auf der Landkarte. Zeichnet die dänische Flagge.
- Bastelt Papierherzen aus rotem Tonpapier. Schmückt damit den Weihnachtsbaum.

Weihnachten in Schweden

In Schweden beginnt das Weihnachtsfest am Nachmittag des 24. Dezembers, wenn es dunkel wird. Dann bringt *Jultomte,* so heißt der Weihnachtsmann in Schweden, die Geschenke. Während in den meisten Ländern Weihnachten zwölf Tage dauert, wird in Schweden zwanzig Tage lang gefeiert. Erst am 13. Januar ist der letzte Weihnachtstag. Dieser Tag heißt auch *St. Knuts-Tag,* weil König Knut Ende des elften Jahrhunderts diese Regelung eingeführt hat. Am 13. Januar sollte man übrigens recht vorsichtig durch die Straßen in Schweden gehen. Dann werden nämlich die abgeschmückten Weihnachtsbäume oft kurzerhand aus dem Fenster geworfen.

Tipps:
- Sucht Schweden auf der Landkarte. Zeichnet die schwedische Flagge.
- Erzählt, wann bei euch die Weihnachtszeit zu Ende geht.

Weihnachten in England

Am Nachmittag des 24. Dezembers treffen sich oft die Familien, Freunde und Nachbarn, um *mince pies* zu machen. Dieses traditionelle Weihnachtsgebäck besteht aus getrockneten Früchten, Äpfeln, Zucker und Gewürzen. *Mince pies* werden mit einem Teigblatt in Form einer Stechpalme verziert.
Am Abend des 24. Dezembers werden die Geschenke unter dem Weihnachtsbaum gesammelt. *Father Christmas* bringt in der Nacht zum 25. Dezember kleine Geschenke für die Kinder. Er fährt mit seinem Schlitten und seinem Rentier *Rudolph* durch die Lüfte und kommt durch den Kamin ins Haus. Dort füllt er die Weihnachsstrümpfe der Kinder. Zur Begrüßung von *Father Christmas* werden manchmal ein Glas Sherry, ein *mince pie* und eine Karotte bereitgelegt. Erst am Morgen des 25. Dezembers werden die Geschenke unter dem Christbaum ausgepackt. Zu Weihnachten ist das Wohnzimmer festlich mit glitzernden Girlanden geschmückt. Außerdem wird über dem Türrahmen ein Mistelzweig befestigt, unter dem sich die Menschen küssen.
In England ist es üblich, allen Bekannten, auch wenn sie in der unmittelbaren Nachbarschaft wohnen, einen Kartengruß zu schicken. Die Karten werden an einer Schnur befestigt oder im Wohnzimmer aufgestellt. Das festliche Weihnachtsessen findet am 25. Dezember statt. Dazu gehört unbedingt der gefüllte Truthahn. Für jeden gibt es einen *Christmas cracker.* Das ist eine Art Knallbonbon, das mit einem kleinen Geschenk, einem Witz und einer Papierkrone gefüllt ist. Die Papierkrone wird zum Essen aufgesetzt. Zum Nachtisch gibt es *plum pudding.* Das ist eine Art Napfkuchen mit Rosinen, Korinthen, Nüssen und kleinen Überraschungen.

Tipps:
- Sucht England auf der Landkarte. Zeichnet die englische Flagge.
- Schreibt bis Weihnachten möglichst vielen Leuten einen Weihnachtsgruß. Befestigt die erhaltene Weihnachtspost an einer Schnur.

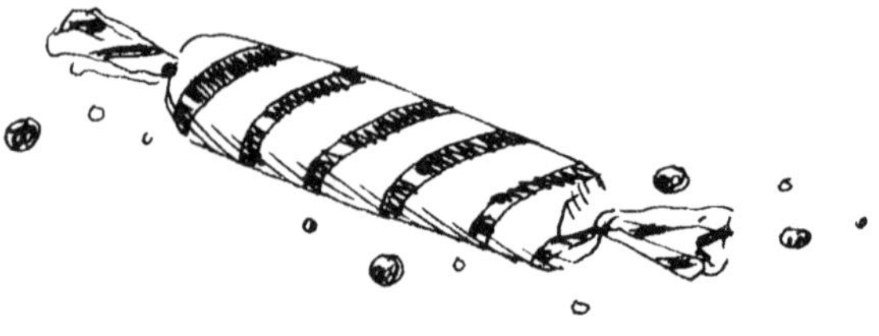

Weihnachten in Italien

Am 23. Dezember verkleiden sich die Kinder als Hirten. Sie gehen von Haus zu Haus, singen und sagen Gedichte auf. Dafür werden sie mit Geldstücken belohnt. Im Mittelpunkt steht die prächtig geschmückte Krippe. Oft wetteifern die Nachbarn um die schönste Krippe.
Am 24. Dezember besteht das Essen meist nur aus Fisch und Gemüse, weil dieser Tag zur vorweihnachtlichen Fastenzeit gehört. Zum feierlichen Abschluss des Tages besucht die Familie die Mitternachtsmesse. Erst am Morgen des 25. Dezembers finden die Kinder ihre Geschenke neben der Krippe oder vor dem Schlafzimmer. An diesem Tag gibt es das eigentliche Festmahl. Eine besondere Spezialität ist der Weihnachtskuchen *Panettone,* ein Hefekuchen mit kandierten Früchten und Zuckerguss.

Tipps:
- Sucht Italien auf der Landkarte. Zeichnet die italienische Flagge.
- Baut eine Krippenlandschaft auf. Bastelt Krippenfiguren dazu.

Weihnachten in Spanien

Weihnachten ist in Spanien ein besonders fröhliches Fest. Am wichtigsten ist die prächtig geschmückte Krippe. Am Abend des 24. Dezembers gibt es ein großes Festessen. Nach dem Essen wird die *Urne des Schicksals* auf den Tisch gestellt. Sie besteht aus kleinen, eingepackten Geschenken. Jeder zieht ein Päckchen. Dann feiern alle auf der Straße. Um Mitternacht besuchen die Menschen den Gottesdienst. Die Weihnachtsgeschenke erhalten die Kinder erst am 6. Januar. Am 5. Januar treffen die Heiligen Drei Könige mit dem Schiff ein und ziehen durch die Straßen. Die Kinder stellen am Abend ihre Schuhe vor das Haus und legen Heu für die Kamele daneben. Am nächsten Morgen finden sie dort ihre Geschenke.

Tipps:
- Sucht Spanien auf der Landkarte und malt die spanische Flagge.
- Die Melodie zum Lied „Zumba, zumba, Weihnachtszeit“ kommt aus Spanien. Begleitet das fröhliche Lied mit Rasseln, Trommeln, Schellenkränzen und Becken.

Weihnachten in Russland

In Russland wird der Neujahrstag besonders gefeiert. Die Kinder erhalten zu Beginn eines neuen Jahres Geschenke, und zwar von *Großväterchen Frost.* Mit seinem roten Mantel, den schwarzen Stiefeln und dem weißen Bart ähnelt er dem Weihnachtsmann. Seine Helferin heißt *Schneeflöckchen.* Zur russischen Weihnacht gehört auch *Matrjoschka.* Der Legende nach hat sie den Heiligen Drei Königen Essen und Unterkunft verweigert. Deshalb muss sie für immer nach dem Christkind suchen. Auf ihren Reisen besucht sie die Kinder zur Weihnachtszeit.
Das eigentliche Weihnachtsfest wird erst am 6. Januar gefeiert. In der russischen Kirche ist die Weihnachtszeit eher eine Fastenzeit. Deshalb gibt es in vielen Familien zu Weihnachten kaum Fleisch, sondern *Kutja.* Das ist ein Gericht aus Getreidekörnern, Honig und Mohn. Daneben wird *Borschtsch* gegessen. Das ist die bekannte russische Suppe aus verschiedenen Kohlsorten, roten Rüben und Fleisch.

Tipps:
- Sucht Russland auf der Landkarte. Zeichnet die russische Flagge.
- Die *Matrjoschka-Puppen* sind die berühmten russischen Puppen, die man ineinander steckt. Sucht einige Schachteln, die ihr ineinander stecken könnt. Bemalt jede Schachtel mit der gleichen weihnachtlichen Figur. Ihr könnt außerdem in jede Schachtel ein kleines Geschenk legen.

Die Heiligen Drei Könige

Das Fest der Heiligen Drei Könige wird am 6. Januar gefeiert. In der Bibel berichtet der Evangelist Matthäus darüber. Er erzählt von weisen Männern aus dem Morgenland, die die Sterne sehr gut kannten. Sie folgten einem besonderen Stern und fanden schließlich das Jesuskind in der Krippe von Bethlehem. Bevor sie wieder nach Hause zogen, schenkten sie Jesus Gold, Weihrauch und Myrrhe.
Daraus entstand der Brauch der Sternsinger. Kinder ziehen verkleidet als die Könige Kaspar, Melchior und Balthasar mit einem großen Stern von Haus zu Haus. Sie singen Lieder, tragen Gedichte vor und sammeln Geld für die Anliegen der Mission. Außerdem schreiben sie an den Türbalken C + M + B. Das ist lateinisch und heißt **C**hristus **M**ansionem **B**enedicat. Übersetzt bedeutet es: Christus segne dieses Haus.

Tipps:

- Besorgt euch etwas Weihrauch. Riecht daran. Legt das Stück Weihrauch in eine Porzellanschale und zündet es an. Lasst den brennenden Weihrauch nicht ohne Aufsicht.
- Informiert euch über Myrrhe. Vielleicht hilft euch auch das Internet weiter. Fragt in einer Apotheke nach.

Silvester

Silvester heißt auch *Altjahresabend* und wird am 31. Dezember gefeiert. Früher galt die Mitternacht des Jahreswechsels als besondere Geisterstunde. Die Menschen machten viel Lärm, um die bösen Geister des Winters zu vertreiben. Auch heute noch wird das neue Jahr mit Feuerwerk, Böllerschüssen und Glockengeläut begrüßt. Außerdem befragen die Leute in der Silvesternacht gerne das Schicksal. So werden die beim Bleigießen zufällig entstandenen Figuren als gutes oder schlechtes Zeichen für das neue Jahr gedeutet.

Tipp:
- Was bringt die Zukunft? Zeichnet auf Papier verschiedene Schicksalszeichen wie Hufeisen, Kleeblatt, Blitz und Geldstück auf. Schneidet die Zeichen aus, klebt sie auf Karten (aus Tonkarton) und legt diese unter ein Tuch. Zieht reihum jeweils eine Karte und sagt euch gegenseitig die Zukunft voraus.

Neujahr

Der Neujahrstag ist der erste Tag des Jahres. An diesem Tag fassen viele Leute gute Vorsätze für das neue Jahr. Außerdem wünschen sich die Menschen Glück und Segen. Ein schöner Brauch ist es, Freunden Glücksbringer zu schenken, z. B. ein kleines Glücksschwein aus Marzipan.

Tipps:
- Gestaltet eine Glückwunschkarte zum Neujahrstag. Verziert die Karte mit Glücksbringern wie Fliegenpilzen, Schweinchen, Glückskleeblättern oder Hufeisen.
- Ihr könnt auch Glücksbringer aus Marzipanmasse formen.

2. Spiele verkürzen das Warten

Kinder vertreiben sich gern mit Spielen die Zeit. Dabei werden neben sozialen Fähigkeiten oft verschiedene Sinnesbereiche und wichtige kognitive Fähigkeiten gefördert. Bereits das Herstellen eines neuen Spieles bereitet den Kindern viel Spaß. Beim Ausprobieren können sich die Kinder auch neue Spielregeln ausdenken oder das Spiel verändern.

Zu jedem Spiel gibt es folgende Handlungskarten:
- Anleitung zur Herstellung des Spiels
- Spielregeln
- Spielplan oder Material zum Ausschneiden

Würfelspiele

- Pack den Schlitten für den Weihnachtsmann
- Unterwegs in Weihnachtshausen
- Gehilfen des Weihnachtsmannes
- Komm mit zum Weihnachtsmann

Würfelspiele

Pack den Schlitten für den Weihnachtsmann

Das braucht ihr dazu:
- dünne Pappe
- Klebstoff
- Buntstifte
- Schere
- Würfel

So wird es gemacht:
- Malt das Bild des Weihnachtsmannes aus.
- Klebt das Bild auf dünne Pappe.
- Malt die sechs Gegenstände an.
- Klebt die Gegenstände auf dünne Pappe und schneidet sie anschließend aus.

Bildvorlage Weihnachtsmann mit Schlitten (fünfmal kopieren)

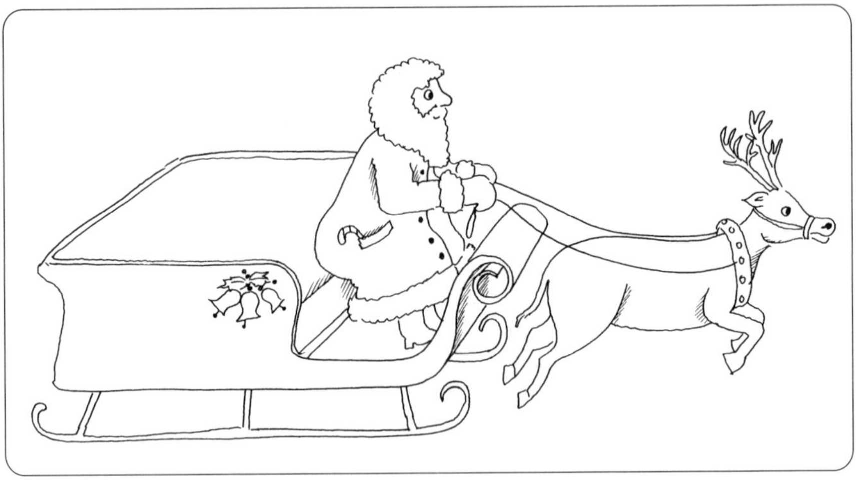

Bildvorlage Gegenstände (fünfmal kopieren)

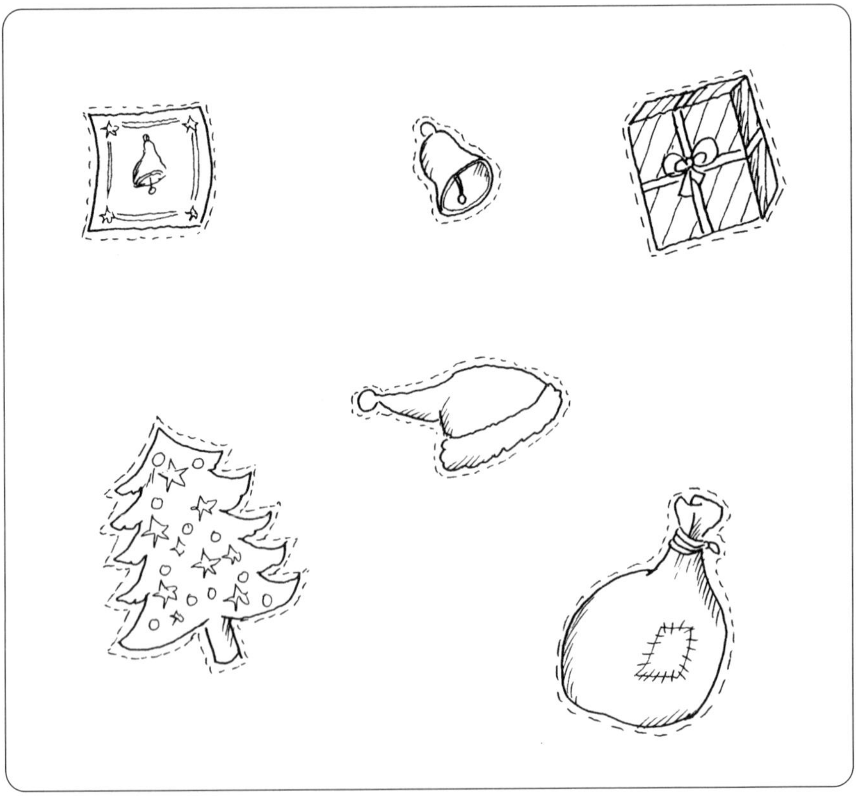

Pack den Schlitten für den Weihnachtsmann

Spielregeln (für zwei bis fünf Mitspieler):

- Jeder Mitspieler erhält ein Bild vom Weihnachtsmann auf dem Schlitten und die Bilder von den sechs Gegenständen.
- Würfelt reihum. Der Gegenstand, der zur gewürfelten Augenzahl (in Klammern angegeben) passt, wird auf das Bild gelegt. In den Schlitten gehören das Paket (1), der Sack (2) und der Christbaum (3). Setzt dem Weihnachtsmann die Mütze (4) auf. Das Rentier bekommt die Decke (5) und die Glocke (6).
- Achtung! Der Christbaum steht im Schlitten auf dem Paket. Ihr müsst also zuerst eine Eins würfeln, bevor ihr den Christbaum im Schlitten unterbringen könnt.
- Wer zuerst alle Gegenstände auf das Bild gelegt hat, ist Sieger.

Unterwegs in Weihnachtshausen – Gehilfen des Weihnachtsmannes

Das braucht ihr dazu:

- dünne Pappe, Karton
- Buntstifte
- Schere
- Klebstoff
- Spielwürfel
- für jeden Mitspieler acht Haselnüsse (für das Spiel *Gehilfen des Weihnachtsmannes)*

So wird es gemacht:

- Malt den Spielplan aus.
  Malt die Spielfelder mit einem Kreuz rot an.
- Klebt den Spielplan auf die dünne Pappe.
- Malt die Spielfiguren an und schneidet sie aus.
- Klebt die Spielfiguren zusammen.
- Klebt die Karten mit den Fragen (für das Spiel *Unterwegs in Weihnachtshausen)* auf Karton und schneidet sie dann aus.

Unterwegs in Weihnachtshausen

Spielregeln (für zwei bis fünf Mitspieler):

- Die Karten mit den Fragen liegen verdeckt auf einem Stapel.
- Alle Mitspieler stellen ihre Spielfiguren auf das Feld mit dem Schlitten.
- Würfelt reihum. Wer auf ein rotes Spielfeld kommt, hebt die oberste Fragekarte ab. Beantwortet der Mitspieler die Frage richtig, darf er noch einmal würfeln. Ansonsten muss er eine Runde aussetzen. Die Fragekarte wird unter den Stapel gelegt.
- Mit dem Lösungsblatt könnt ihr überprüfen, ob die Fragen richtig beantwortet wurden.
- Wer zuerst das Spielfeld mit dem Weihnachtsbaum betritt, gewinnt.

Tipp:
- Denkt euch weitere Fragen zur Advents- und Weihnachtszeit aus. Malt einen neuen Spielplan dazu.

Gehilfen des Weihnachtsmannes

Spielregeln (für zwei bis fünf Mitspieler):

- Jeder Mitspieler erhält acht Haselnüsse.
- Alle Mitspieler stellen ihre Spielfiguren auf das Spielfeld mit dem Schlitten.
- Würfelt reihum. Geht auf dem Spielfeld vorwärts oder rückwärts. Spielfiguren dürfen übersprungen werden. Ist ein Spielfeld bereits besetzt, müsst ihr in die andere Richtung gehen. Falls dieses Spielfeld auch nicht mehr frei ist, müsst ihr eine Runde aussetzen.
- Kommt ein Mitspieler auf ein rotes Feld, legt er neben dem Haus eine Haselnuss ab.
- Gespielt wird so viele Runden, bis der erste Mitspieler keine Haselnuss mehr hat. Dieser Spieler ist Sieger.

Tipps:
- Ihr könnt die Zahl der Haselnüsse verringern oder erhöhen.
- Vereinbart vorher eine Spielzeit. Sieger ist dann der Mitspieler, der bis dahin die meisten Haselnüsse verteilt hat.

Spielfigur für die Würfelspiele „Unterwegs in Weihnachtshausen“ und „Gehilfen des Weihnachtsmannes“ (fünfmal kopieren)

Spielplan für die Würfelspiele „Unterwegs in Weihnachtshausen“ und „Gehilfen des Weihnachtsmannes“ (auf DIN A3 vergrößern)

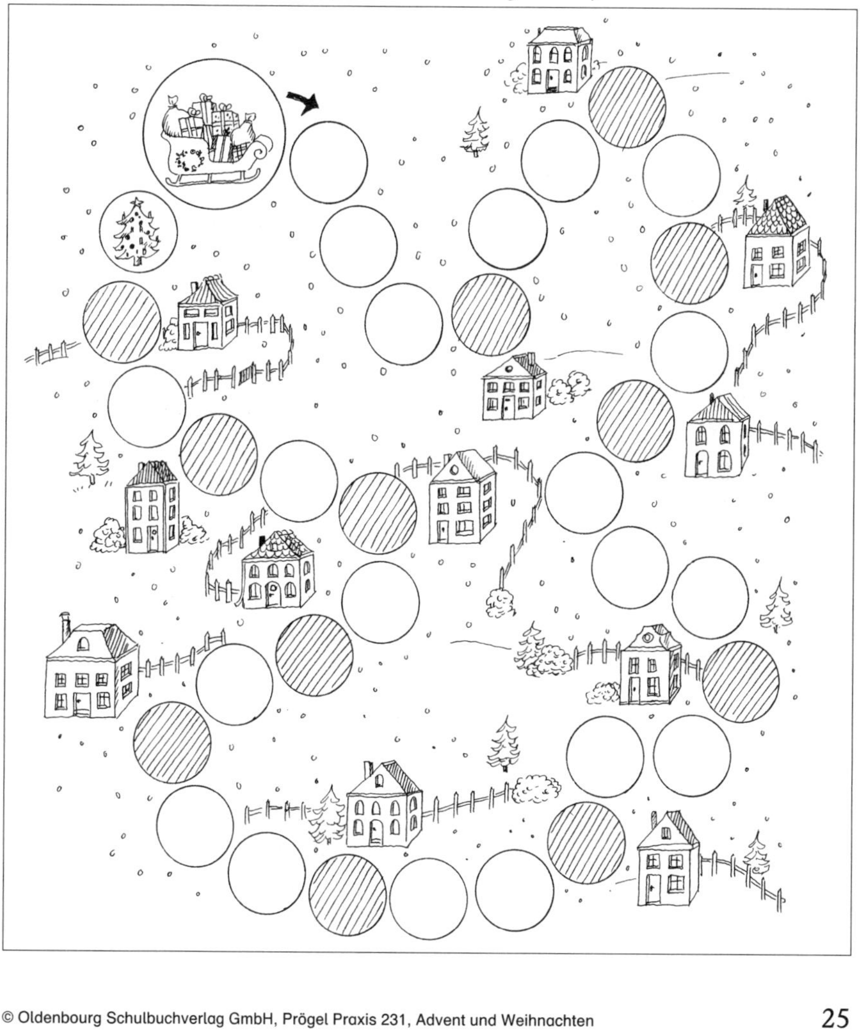

Fragekarten zum Würfelspiel „Unterwegs in Weihnachtshausen“

1 Wie viele Kerzen brannten an den ersten Adventskränzen?	2 Wann beginnt die Adventszeit?
3 Das Wort *Advent* kommt aus dem Lateinischen. Was bedeutet es?	4 Wie heißt der Tag, an dem man kahle Zweige von Obstbäumen ins Wasser stellt?
5 Welchen Beruf hatte Nikolaus von Myra?	6 In Schweden wird am 13. Dezember das Lucia-Fest gefeiert. Wie sieht das Mädchen aus, das als Lucia von Haus zu Haus geht?
7 Wie hieß der bekannte Italiener, der eine Krippe mit lebenden Tieren aufgebaut hat?	8 In welchem europäischen Land dauert die Weihnachtszeit bis zum 13. Januar?
9 Wer bringt den Kindern in England die Geschenke?	10 An welchem Tag wird das Fest der Heiligen Drei Könige gefeiert?
11 Was brachten die Weisen aus dem Morgenland dem Jesuskind mit?	12 Warum machte man in der heidnischen Zeit in der Silvesternacht so viel Lärm?

Lösungsblatt zu den Fragekarten für das Würfelspiel „Unterwegs in Weihnachtshausen“

1. Ursprünglich brannten 24 Kerzen am Adventskranz.
2. Die Adventszeit beginnt mit dem 30. November (Tag des heiligen Andreas), wenn dieser Tag ein Sonntag ist. Ansonsten fängt die Adventszeit mit dem Sonntag an, der nach dem 30. November kommt.
3. Das Wort Advent bedeutet Ankunft.
4. Dieser Tag heißt Barbaratag.
5. Nikolaus von Myra war Bischof.
6. Dieses Mädchen ist weiß gekleidet und trägt auf dem Kopf einen Kranz mit brennenden Kerzen.
7. Dieser Mann hieß Franz von Assisi.
8. In Schweden dauert die Weihnachtszeit bis zum 13. Januar.
9. In England bringt Father Christmas den Kindern die Geschenke.
10. Das Fest der Heiligen Drei Könige wird am 6. Januar gefeiert.
11. Die Weisen beschenkten das Jesuskind mit Gold, Weihrauch und Myrrhe.
12. Mit dem Lärm sollten die bösen Geister des Winters vertrieben werden.

Komm mit zum Weihnachtsmann

Das braucht ihr dazu:
- Pappe
- Buntstifte
- Klebstoff
- Spielwürfel
- Spielfiguren für die Mitspieler

So wird es gemacht:
- Malt den Spielplan bunt an.
- Klebt den Spielplan auf Pappe.

Komm mit zum Weihnachtsmann

Spielregeln:

- Alle Mitspieler stellen ihre Spielfigur auf das Startfeld.
- Der kleinste Mitspieler beginnt.
- Würfelt reihum. Auf einem Spielfeld können auch mehrere Spielfiguren stehen.
- Für die Felder mit den Bildern gelten diese Regeln:

Du siehst eine Sternschnuppe. Rücke bis zur nächsten Sternschnuppe vor.

Du putzt die Stiefel des Weihnachtsmannes. Würfle noch einmal.

Du trägst den Sack des Weihnachtsmannes ein Stück. Rücke sechs Felder vor.

Du hast vergessen, den Schlitten zu beladen. Gehe zurück an den Start.

Du hast einen Handschuh verloren und musst ihn suchen. Setze eine Runde aus.

Du hast deine Mütze vergessen. Gehe sechs Felder zurück.

Tipps:

- Denkt euch für die Felder mit den Bildern neue Spielregeln aus.
- Überlegt euch neue Bilder und Regeln. Malt dazu einen passenden Spielplan.

Spielplan für das Würfelspiel „Komm mit zum Weihnachtsmann“

Spiele mit Nüssen

- Zielwerfen mit Nüssen
- Die goldene Nuss
- Nüsse raten
- Der Schatz des Nusskönigs

Zielwerfen mit Nüssen

Das braucht ihr dazu:
- fünfzehn Walnüsse für jeden Mitspieler
- fünf Körbe oder Schachteln in verschiedenen Größen
- Papier, Schere und Stifte
- eine dickere Schnur

So wird es gemacht:
- Schneidet fünf kleine Zettel zurecht. Auf jeden Zettel schreibt ihr eine andere Punktzahl: 5 – 10 – 15 – 20 – 25
- Befestigt die Zettel mit den Punkten an den Körben oder Schachteln. Der kleinste Korb oder die kleinste Schachtel erhält die höchste Punktzahl.
- Verteilt die Schachteln oder Körbe im Raum.
- Markiert die Startlinie mit der Schnur.

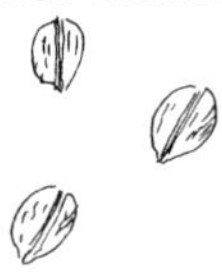

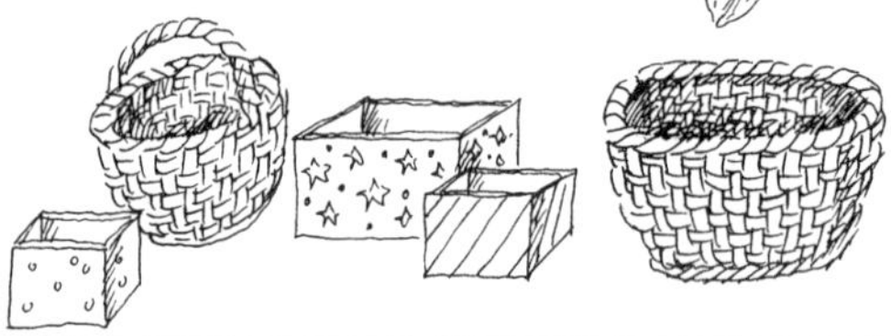

Zielwerfen mit Nüssen

Spielregeln:

- Alle Mitspieler versammeln sich mit ihrem Nussvorrat hinter der Startlinie.
- Reihum versuchen die Mitspieler jeweils eine Nuss in die Körbe oder Schachteln zu werfen. Gelingt es einem Spieler, seine Nuss in einen Behälter zu werfen, so notiert er sich die erzielte Punktzahl.
- Nüsse, die ihr Ziel verfehlt haben, bleiben auf dem Spielfeld liegen.
- Am Ende zählt jeder Spieler seine Punkte zusammen. Der Spieler mit der höchsten Punktzahl gewinnt.

Die goldene Nuss

Das braucht ihr dazu:
- eine Walnuss
- fünfzehn Haselnüsse für jeden Mitspieler
- eine dickere Schnur
- Goldspray
- Schreibpapier und Stifte für alle Mitspieler

So wird es gemacht:
- Sprüht die Walnuss mit dem Goldspray an.
- Markiert mit der Schnur die Startlinie.
- Legt die goldene Nuss einige Meter von der Startlinie entfernt auf den Boden. Einigt euch in der Gruppe darauf, wo die Nuss liegen soll.

Die goldene Nuss

Spielregeln:

- Alle Mitspieler stellen sich mit ihren fünfzehn Haselnüssen hinter die Startlinie.
- Reihum versucht jeder Mitspieler, die goldene Nuss zu treffen. Jeder Spieler hat immer nur einen Versuch.
- Nüsse, die geworfen wurden, bleiben auf dem Spielfeld liegen.

- Gelingt es einem Spieler, mit seiner Haselnuss die goldene Nuss zu berühren, notiert er sich einen Strich.
- Sieger ist, wer die meisten Treffer erzielt hat.

Tipps:
- Spielt das Spiel mit mehreren goldenen Nüssen oder mit verschiedenfarbigen Nüssen, die jeweils eine andere Punktzahl bedeuten.
- Denkt euch lustige Tätigkeiten für Mitspieler aus, die dreimal nicht treffen.
- Schreibt eure neuen Spielregeln auf.

Nüsse raten

Spielregeln (für zwei Mitspieler):

- Ihr braucht dreißig Haselnüsse und einen Korb.
- Jeder Mitspieler erhält sechs Nüsse.
- Fünfzehn Nüsse sind in dem Korb. Das ist der Nussschatz. Mit den restlichen drei Nüssen wird gespielt.
- Abwechselnd versteckt einer der beiden Spieler die drei Nüsse hinter seinem Rücken. Dabei kann er alle Nüsse entweder in einer Hand verstecken oder die Nüsse auf beide Hände verteilen.
- Dann zeigt er seine beiden verschlossenen Hände. Der andere Spieler muss raten, wie viele Nüsse sich in jeder Hand befinden. Rät er richtig, erhält er aus dem Nussschatz drei Nüsse. Ansonsten muss er drei Nüsse aus seinem Vorrat in den Nussschatz legen. Ist sein Nussschatz bereits verbraucht, muss er auf einem Bein durch das Zimmer hüpfen.
- Das Spiel ist aus, wenn der Korb mit dem Nussschatz leer ist. Sieger ist, wer die meisten Nüsse gesammelt hat.

Tipps:

- Versteckt nur zwei Nüsse hinter dem Rücken.
- Spielt das Spiel mit einem größeren oder kleineren Nussvorrat.
- Denkt euch andere Tätigkeiten für den Fall aus, dass ein Spieler keine Nüsse mehr hat.

Der Schatz des Nusskönigs

Das braucht ihr dazu:

- zwei halbe Walnussschalen
- Korb mit Nüssen
- für jeden Mitspieler zehn Nüsse
- Papierkrone
- Becher

Spielregeln:

- Jeder Mitspieler erhält zehn Nüsse. In der Mitte steht der Korb mit Nüssen. Das ist der Schatz des Nusskönigs. Daneben liegt die Krone des Nusskönigs.
- Legt die beiden halben Walnussschalen in den Becher und würfelt reihum.
- Das bedeuten die gewürfelten Nussschalen:

Nimm dir zwei Nüsse aus dem Korb in der Mitte.

Lege eine Nuss zurück in den Korb. Gib dem Kind, das vor dir gewürfelt hat, eine Nuss.

Nimm dir eine Nuss von dem Kind, das vor dir gewürfelt hat. Lege eine Nuss in den Korb in der Mitte zurück.

- Wer seinem Mitspieler eine Nuss geben soll, aber keine eigenen Nüsse mehr hat, muss auf einem Bein zur Tür und wieder zurück hüpfen.
- Das Spiel ist aus, wenn keine Nüsse mehr im Korb sind. Wer die meisten Nüsse hat, ist Nusskönig und bekommt die Krone.

Tipps:

- Vereinbart vorher eine Spielzeit. Wer nach Ende der Spielzeit die meisten Nüsse hat, ist Nusskönig.
- Denkt euch andere lustige Tätigkeiten für den Fall aus, dass ein Mitspieler keine Nüsse mehr hat.

Adventsrallye

- Schäfchen treiben
- Spiele zum Sehen, Fühlen, Riechen, Schmecken und Hören

Die einzelnen Spielstationen können mit den vorher beschriebenen Nuss- und Würfelspielen beliebig ergänzt werden. Die Adventsrallye eignet sich vor allem für einen Spielnachmittag mit den Eltern.

Schäfchen treiben

Das braucht ihr dazu:
- Watte
- farbiges Klebeband

So wird es gemacht:
- Zupft aus der Watte kleine Kugeln. Das sind die Schäfchen.
- Markiert mit dem Klebeband die Grenzen des Spielfeldes auf dem Tisch oder dem Boden.

Schäfchen treiben

Spielregeln (für zwei Mitspieler):

- Jeder Spieler sitzt oder liegt hinter seiner Grenze.
- Die Watteschäfchen liegen in der Mitte des Spielfeldes.
- Auf ein Startzeichen hin beginnen die beiden Mitspieler kräftig zu pusten. Dabei dürfen sie ihren Platz nicht verlassen.
- Gelingt es einem Spieler, ein Schäfchen über die Grenze des Partners zu blasen, erhält er das Watteschäfchen.
- Die Mitspieler dürfen die Watteschäfchen nur durch Pusten bewegen. Wer zum Schluss die meisten Schäfchen besitzt, gewinnt.

Memory mit Bildern

Das braucht ihr dazu:
- alte Weihnachtskarten, Geschenkpapier mit Weihnachtsmotiven, Plätzchen-Ausstechformen
- Blankokarten aus dünner Pappe
- Klebstoff und Schere
- Buntstifte

So wird es gemacht:
- Schneidet aus dem Geschenkpapier und den Karten einzelne Weihnachtsmotive aus. Ihr braucht immer zwei gleiche Motive. Klebt die Bilder auf die Blankokarten aus Pappe.
- Ihr könnt außerdem die Plätzchen-Ausstechformen auf die Karten legen und umfahren. Stellt immer zwei gleiche Karten her.
- Malt weihnachtliche Motive auf die Karten. Jede Karte müsst ihr doppelt herstellen.

Tipps:
- Anstelle der Bilder könnt ihr auch Wörter schreiben, die zu Weihnachten und Advent passen (z. B. Geschenk, Adventskranz, Christbaum, Glocke, Krippe ...).
- Stellt Kartenpaare aus Bildern und Wörtern her. Auf eine Karte malt ihr den Begriff oder klebt ein Bild dazu auf. Auf die andere Karte schreibt ihr das Wort, das zum Bild passt.

Memory mit Bildern

Spielregeln:
- Alle Karten werden mit dem Bild (oder Begriff) nach unten auf den Tisch gelegt und gemischt.
- Reihum deckt jeder Mitspieler immer zwei Karten auf. Bilden die beiden Karten ein Paar, behält er sie. Ansonsten dreht er die Karten wieder um.
- Wer zum Schluss die meisten Karten besitzt, gewinnt.

Weihnachtliches Kim-Spiel

Das braucht ihr dazu:

- verschiedene Gegenstände, die zu Advent und Weihnachten passen (z. B. verschiedene Christbaumanhänger, Krippenfiguren, Plätzchen-Ausstechformen, Grußkarten ...)
- eine große Decke
- Stoppuhr
- Papier und Bleistift für jeden Mitspieler

Spielregeln:

- Vor Spielbeginn vereinbaren die Mitspieler, wie lange die Gegenstände betrachtet werden dürfen und wie lange die Mitspieler schreiben dürfen.
- Alle Mitspieler sitzen im Kreis. Die Gegenstände liegen unter der Decke in der Kreismitte.
- Die Mitspieler betrachten die Gegenstände die vereinbarte Zeitspanne lang. Dann wird die Decke wieder über die Gegenstände gelegt.
- Jetzt schreibt jeder Mitspieler bis zum Ende der festgelegten Zeit die Gegenstände auf, die er sich gemerkt hat.
- Die Mitspieler tauschen die Listen untereinander aus. Die Gegenstände werden wieder gezeigt. Jeder richtig benannte Gegenstand zählt einen Punkt. Nennt ein Mitspieler einen falschen Gegenstand, wird ein Punkt abgezogen. Sieger ist, wer die meisten Punkte erhält.

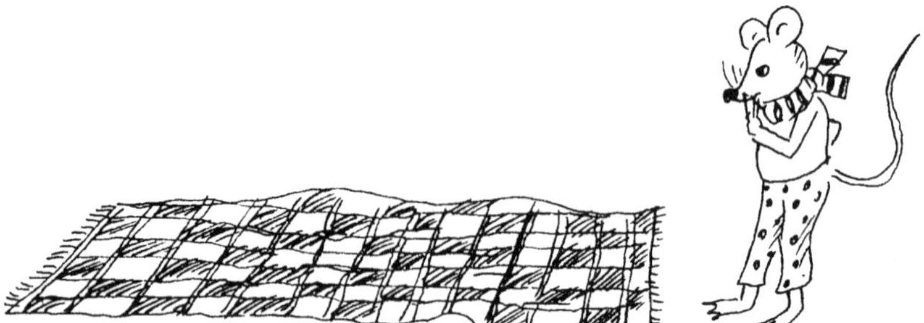

Der Tastsack

Das braucht ihr dazu:
- jeweils zwei gleiche Gegenstände, die zu Advent und Weihnachten passen (z. B. zwei gleiche Krippenfiguren, Plätzchen-Ausstechformen, Christbaumanhänger, Kerzen ...)
- ein altes Kissen
- Nadel und Faden
- Stoppuhr

So wird es gemacht:
- Näht das Kissen bis auf zwei Löcher zu. Die Löcher liegen einander gegenüber. Durch die Löcher müssen eure Hände und die Gegenstände passen.
- Füllt das Kissen mit den Gegenständen.

Der Tastsack

Spielregeln:
- Vereinbart vor Spielbeginn, wie lange jeder Mitspieler im Tastsack die Gegenstände befühlen darf.
- Greift mit beiden Händen reihum in den Tastsack. Wer meint, dass er zwei gleiche Gegenstände fühlt, holt diese heraus. Sind die Gegenstände tatsächlich gleich, darf der Mitspieler sie behalten. Ansonsten wandern sie wieder in den Sack.
- Wer zum Schluss die meisten Gegenstände hat, gewinnt.

Tipps:
- Die Fühlaufgabe wird umso schwerer, je ähnlicher sich die Gegenstandspaare sind (z. B. zwei Nikolaus-Figuren und zwei Engel).
- Vereinbart eine zusätzliche Regel: Wer im Tastsack ein Paar gefunden hat, muss vor dem Herausholen sagen, was es ist. Stimmt die Vermutung, darf man die Dinge behalten.
- Hängt Socken an eine Leine. Füllt in jede Socke etwas, das zu Advent und Weihnachten passt (Nüsse, Tannenzweig, Kerze, Mandarine ...). Versucht durch Tasten und Riechen zu erraten, was in den Socken ist.

Fühlkasten

Das braucht ihr dazu:

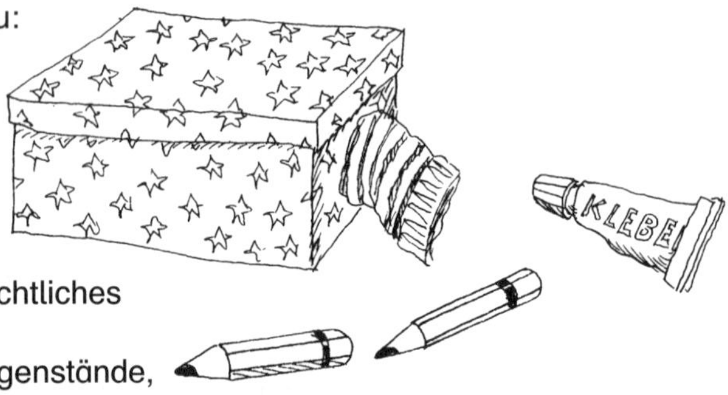

- Schuhkarton mit Deckel
- alte Socke
- Kraftkleber
- Schere
- Buntstifte und eventuell weihnachtliches Geschenkpapier
- verschiedene Gegenstände, die zu Advent und Weihnachten passen (z. B. Tannenzweig, Zapfen, Kerze, Nuss ...)
- Stoppuhr

So wird es gemacht:

- Schneidet in eine schmale Seitenfläche des Kartons ein Loch. Das Loch muss so groß sein, dass eine Hand in den Karton greifen kann.
- Bemalt oder beklebt den Karton mit weihnachtlichen Motiven.
- Schneidet den vorderen Teil der alten Socke ab. Klebt die Socke so über das Loch im Karton, dass ihr durch die Socke in das Innere der Schachtel greifen könnt.
- Legt die Gegenstände in den Schuhkarton. Verschließt den Karton mit dem Deckel.

Fühlkasten

Spielregeln:

- Vereinbart vor Spielbeginn, wie lange jeder Mitspieler in den Fühlkasten greifen darf.
- Greift reihum durch die Socke in den Fühlkasten. Benennt den ertasteten Gegenstand, **bevor** ihr ihn aus dem Kasten holt.
- Stimmt eure Vermutung, behaltet ihr den Gegenstand. Ansonsten wird er durch die Öffnung mit der Socke wieder in den Kasten zurückgelegt.

Riech-Memory

Das braucht ihr dazu:

- leere, schwarze Filmdosen
- verschiedene Materialien zum Riechen (z. B. Duftöle, Nelken, Tannennadeln, Gewürze ...)
- Watte
- Klebepunkte und Stifte
- Schal oder Augenmaske

So wird es gemacht:

- Füllt immer zwei Filmdosen mit dem gleichen Material. Bei Flüssigkeiten gebt ihr einige Tropfen auf etwas Watte. Die Watte legt ihr dann in die Filmdose.
- Kennzeichnet die Filmdosen mit Klebepunkten am Boden. Dosen mit gleicher Füllung erhalten Klebepunkte in der gleichen Farbe oder Punkte mit dem selben Buchstaben.

Riech-Memory

Spielregeln:

- Die Filmdosen sind geschlossen. Einem Kind werden die Augen verbunden.
- Ein Mitspieler öffnet die Filmdosen und reicht sie nacheinander dem Kind mit den verbundenen Augen.
- Das Kind mit den verbundenen Augen riecht an den verschiedenen Materialien. Es versucht herauszufinden, was gleich riecht.
- Hat es alle Düfte geordnet, wird ihm der Schal oder die Augenmaske abgenommen. Kontrolliert wird mit den Klebepunkten am Boden der Filmdosen. Dann werden dem nächsten Kind die Augen verbunden.

Tipp:

- Macht aus dem Memory ein Ratespiel. Dazu braucht ihr jeden Duft nur einmal. Schreibt auf einen Zettel, welches Material in welcher Dose (Kennzeichnung mit Klebepunkt) ist. Lasst nun ein Kind mit verbundenen Augen riechen und raten.

Ratespiel: Was schmeckst du?

Das braucht ihr dazu:

- Tassen und Teller
- verschiedene Nahrungsmittel, die typisch für die Advents- und Weihnachtszeit sind (z. B. Plätzchen, Lebkuchen, Nuss, Rosine, Orange, Mandarine ...)
- Schal oder Augenmaske

So wird es gemacht:

- Legt kleine Stücke von den verschiedenen Nahrungsmitteln auf die Teller. Stellt die Tassen mit der Öffnung nach unten darauf.

Ratespiel: Was schmeckst du?

Spielregeln:

- Klärt vor Spielbeginn, ob ein Mitspieler gegen einzelne Nahrungsmittel allergisch ist.
- Verbindet einem Mitspieler die Augen. Lasst ihn die Lebensmittel der Reihe nach probieren und die Namen der Nahrungsmittel raten.
- Für jede richtige Lösung gibt es einen Punkt. Wer erhält die meisten Punkte?

Ratespiel: Kennst du diese Lieder?

Das braucht ihr dazu:

- Kassettenrekorder
- leere Kassette
- verschiedene Musikinstrumente und Liederbücher
- Papier und Stifte

So wird es gemacht:

- Sucht euch einen ruhigen Raum. Übt mit den Instrumenten (z. B. Flöte und Xylophon) verschiedene Advents- und Weihnachtslieder ein. Ihr könnt die Lieder auch summen oder auf einer Silbe (z. B. *la-la-la*) singen.
- Nehmt die Melodien mit dem Kassettenrekorder auf. Schreibt die Titel in der richtigen Reihenfolge dazu.

Tipp:

- Ihr singt und musiziert nicht so gerne? Dann braucht ihr eine Kassette oder eine CD mit Melodien von Advents- und Weihnachtsliedern. Außerdem benötigt ihr einen zweiten Kassettenrekorder oder CD-Player. Hört euch die Melodien an. Wählt einige Melodien aus und nehmt sie mit dem Kassettenrekorder auf. Seid ganz leise bei der Aufnahme.

Ratespiel: Kennst du diese Lieder?

Spielregeln:

- Jeder Mitspieler erhält ein Blatt Papier und einen Stift.
- Die Mitspieler hören die Kassette mit den Melodien. Sie notieren auf ihrem Zettel die Titel der Lieder. Wer hat alle Lieder erraten? Kontrolliert mit der Liste.

Tipp:

- Verwendet einen Walkman. Dann vermeidet ihr Störungen.

3. Kleine Heimlichkeiten

Die Zeit vor Weihnachten ist die Zeit der kleinen Heimlichkeiten. Die in diesem Kapitel vorgestellten Bastelideen regen Kinder an, verschiedene Möglichkeiten auszuprobieren, ihre kleinen Geschenke besonders schön zu verpacken. Da auch ein lieber Gruß zu Weihnachten viel Freude bereiten kann, finden sich hier einige Beispiele, wie man Weihnachtskarten selber herstellen kann. Alle Ideen werden anschaulich auf Handlungskarten präsentiert, mit denen die Kinder möglichst selbstständig, z. B. im Kunstunterricht oder während der Freiarbeit, umgehen können. Ein breites Materialangebot im Klassenzimmer motiviert die Kinder zusätzlich zum Experimentieren mit verschiedenen Materialien und Techniken und inspiriert sie zum Ausprobieren und fantasievollen Gestalten.

Vorschläge für eine Materialliste:

- Wachstuch zum Abdecken für Arbeitstische, Zeitungspapier, Küchenrolle
- verschiedene Papiersorten: Tonpapier, Packpapier, Zeichenpapier, Glanzpapier, Tapetenreste usw.
- Pappe in verschiedenen Stärken
- Schnüre
- Pfeifenputzer
- Material zum Stempeln: Moosgummi, Strukturtapete, dünne Korkplatten, Wellpappe, Schwammtücher, Flaschenkorken, Kartoffeln
- leere Schachteln in unterschiedlichen Größen (Zündholzschachteln usw.)
- verschiedene Farben wie Ölpastellkreide, bunte Kreide, Wasserfarben
- Küchensiebe
- flüssiger Klebstoff
- Scheren und Obstmesser
- alte Zahnbürsten
- Plastikbecher
- Stifte
- Watte

Geschenkpapier in Wischtechnik

Das braucht ihr dazu:
- Ölpastellkreiden, Bleistift
- dünne Pappe
- Schere
- Watte
- verschiedene Papiersorten (Tonpapier, Packpapier ...)

So wird es gemacht:
- Zeichnet auf die dünne Pappe mit Bleistift ein einfaches weihnachtliches Motiv (z. B. Stern oder Tannenbaum).
- Schneidet das Motiv aus. Das ist eure Schablone.
- Legt die Schablone auf das Papier. Umfahrt die Schablone mit einer Ölpastellkreide. Haltet die Schablone auch nach dem Umfahren fest.
- Nehmt in die andere Hand einen Wattebausch. Wischt die Kreidelinie mit der Watte nach außen, also von der Schablone weg.
- Wenn ihr jetzt die Schablone vom Papier nehmt, ist ihre Form zwar deutlich zu sehen, aber die Grenzlinien wirken weich.
- Wiederholt diesen Vorgang beliebig oft. Lasst die Formen auch überlappen.

Tipps:
- Schneidet mehrere Motive aus. Gestaltet damit ein Muster.
- Verwendet verschiedene Farben beim Umfahren der Schablonen.
- Probiert die Technik zuerst auf verschiedenen Papiersorten aus. Experimentiert auch mit Gegensätzen (z. B. dunkles Papier und helle Farben oder umgekehrt).

Geschenkpapier in Klebstoff-Kreide-Technik

Das braucht ihr dazu:
- verschiedene Papiersorten
- flüssigen Klebstoff
- bunte Kreide
- feine Küchensiebe
- einige Becher

So wird es gemacht:
- Brecht die Kreide in kleine Stücke und zerreibt sie zu Pulver. Füllt jede Farbe in einen anderen Becher.
- Malt mit dem flüssigen Klebstoff weihnachtliche Motive auf das Papier.
- Füllt etwas Kreidepulver in das Küchensieb. Haltet das Sieb über das Klebstoffbild. Reibt das Kreidepulver durch das Sieb. Die Kreideteilchen bleiben auf dem Klebstoff haften.

Tipps:
- Mischt verschiedenfarbiges Kreidepulver und füllt die Mischung ins Sieb.
- Experimentiert mit Kontrasten. Streut helle Kreide auf dunkles Papier und umgekehrt.

Geschenkpapier in Spritztechnik

Das braucht ihr dazu:

- dünne Pappe
- Plätzchen-Ausstechformen
- Bleistift
- Schere
- verschiedene Papiersorten
- Küchenpapier
- Küchensiebe
- alte Zahnbürsten
- Wasserfarben

So wird es gemacht:

- Zeichnet weihnachtliche Motive mit Bleistift auf dünne Pappe. Ihr könnt auch Plätzchen-Ausstechformen umfahren.
- Schneidet die Motive aus. Das sind eure Schablonen.
- Ordnet eure Schablonen auf einem Stück Papier an. Vielleicht legt ihr mit den Schablonen ein Muster.
- Deckt mit dem Küchenpapier die Stellen ab, die ihr im Augenblick noch nicht bearbeitet.
- Wählt eine Farbe im Malkasten aus, mit der ihr das Papier bespritzen wollt. Taucht die Zahnbürste kurz ins Wasser und nehmt dann mit der Zahnbürste die Farbe auf.
- Haltet das Küchensieb über das Papier. Reibt die Zahnbürste über das Sieb, sodass die Farbe auf das Papier spritzt.
- Wiederholt diesen Vorgang so lange, bis ihr mit dem Spritzbild zufrieden seid. Entfernt dann die Schablonen vorsichtig.
- Nehmt das Küchentuch ab und ordnet auf dem nächsten Stück Papier eure Schablonen wieder an. Wiederholt den Spritzvorgang.

Tipps:

- Probiert eure Ideen zunächst auf einem Stück Zeitung aus. So könnt ihr auch testen, ob eure Farbe nicht zu flüssig ist.
- Spritzt mit mehreren Farben.
- Experimentiert mit Farbkontrasten.
- Lasst Schablonen überlappen.

Geschenkpapier in Stempeltechnik

Das braucht ihr dazu:

- verschiedene Papiersorten zum Bedrucken
- Wasserfarben und Pinsel
- verschiedene Materialien zum Stempeln wie Strukturtapete, Wellkarton, Moosgummi, Pfeifenputzer, Schwammtücher, dünne Korkplatten, Schnüre, Kartoffeln
- Schere, Obstmesser und Stifte
- Plätzchen-Ausstechform
- Flaschenkorken
- Klebstoff

So wird es gemacht:

- Zeichnet auf Tapete, Wellkarton, Moosgummi, Schwammtücher oder Kork weihnachtliche Motive. Schneidet die Motive aus.
- Schneidet ein rechteckiges Stück Kork aus und klebt einen Flaschenkorken daran fest. Das ist euer Stempel. Klebt nun das weihnachtliche Motiv auf dem Stempel fest.
- Ihr könnt auch aus Schnüren oder Pfeifenputzern Motive legen und an den Stempeln festkleben. Kleine Motive werden direkt auf das dickere Ende eines Sektkorkens geklebt.
- Halbiert eine Kartoffel. Drückt eine Plätzchen-Ausstechform in eine Hälfte. Schneidet außen herum den Rand ab. Fertig ist der Kartoffelstempel.
- Streicht die Stempel mit Wasserfarbe ein. Verwendet nur wenig Wasser beim Anmischen der Farben.
- Drückt beim Stempeln die Motive vollständig auf das Papier. Überlegt vorher, welche Muster ihr stempeln wollt.

Tipps:

- Probiert eure Stempel zuerst auf Zeitungspapier aus.
- Färbt die Stempel in mehreren Farben ein.
- Tauscht untereinander die Stempel aus.
- Für kleinere Motive könnt ihr auch Stempel aus Zündholzschachteln herstellen.

Geschenkschachteln festlich beklebt

Das braucht ihr dazu:
- leere Schachteln in verschiedenen Größen
- Packpapier, Glanzpapier, Tonpapier ...
- Bleistift
- Klebstoff

So wird es gemacht:
- Umfahrt die Umrisse jeder einzelnen Seite einer Schachtel auf dem Packpapier. Schneidet die aufgezeichneten Flächen aus.
- Schneidet aus den anderen Papiersorten weihnachtliche Motive aus. Klebt sie auf das Packpapier.
- Klebt die so verzierten Papierflächen auf die Schachtel.

Tipps:
- Schneidet Kreise, Dreiecke, Rechtecke und Quadrate aus. Legt mit den Formen weihnachtliche Figuren und klebt sie auf.
- Malt eine Schachtel an. Klebt nach dem Trocknen weihnachtliche Motive aus verschiedenen Papiersorten auf.
- Experimentiert mit verschiedenen Papiersorten und Farben.

Weihnachtskarten

Die beim Herstellen von Geschenkpapier beschriebenen Techniken (vgl. S. 43 bis 47) lassen sich beim Gestalten der Karten-Außenseite ebenfalls anwenden. Die Kinder können zu den Karten auch einen einfachen Briefumschlag falten. Der Briefumschlag wird dann mit Motiven in der gleichen Technik verziert. Weitere Gestaltungsmöglichkeiten finden sich auf den folgenden Handlungskarten.

Briefumschlag und Briefpapier aus einem Stück Papier

Das braucht ihr dazu:

- ein quadratisches Stück Papier, das bereits mit weihnachtlichen Motiven verziert ist
- Sticker mit Weihnachtsmotiv
- Bleistift und farbige Stifte

So wird es gemacht:

- Das Papier liegt so auf dem Tisch, dass die verzierte Seite unten ist. Legt die gegenüberliegenden Seiten aufeinander. Faltet das Papier wieder auf. Kennzeichnet den Mittelpunkt mit Bleistift.
- Faltet die vier Ecken zum Mittelpunkt hin.
- Faltet die Ecken wieder auf. Die innere quadratische Fläche ist die Schreibfläche.
- Ist der Brief fertig, werden die vier Ecken wieder zur Mitte gefaltet und mit dem Weihnachtssticker zusammengehalten.

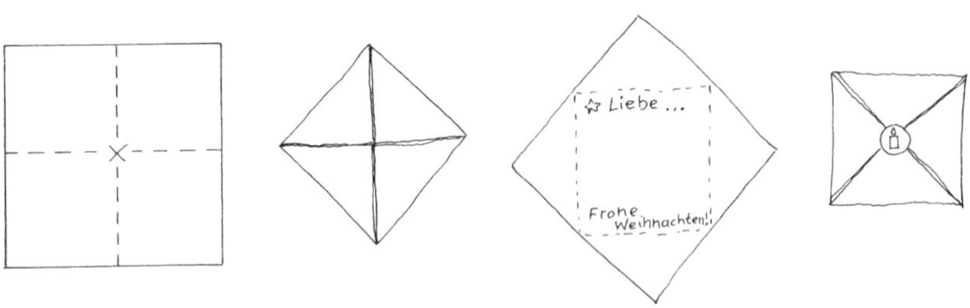

Weihnachtsgrüße aus aller Welt

Das braucht ihr dazu:
- Tonpapier
- Schere
- Filzstifte oder Stifte in Gold und Silber

So wird es gemacht:
- Schneidet das Tonpapier in der Größe eurer Karte zu.
- Schreibt in verschiedenen Farben die Weihnachtsgrüße kreuz und quer auf das Papier. Die Wörter können sich auch überschneiden.
- Faltet das Papier in der Mitte. Auf der nicht gestalteten Innenseite ist Platz für euren Weihnachtsbrief.

Weihnachtsgrüße aus aller Welt:
Merry Christmas (England) – **Hyvää joulua** (Finnland) – **Joyeux Noël** (Frankreich) – **Kala Christoujenna** (Griechenland) – **Feliz Navidad** (Spanien) – **Sretan Bozic** (Kroatien) – **Buon Natale** (Italien) – **God Jul** (Schweden)

Weihnachtskarte mit Durchblick

Das braucht ihr dazu:
- Tonpapier in zwei Kontrastfarben (hell – dunkel)
- Schere
- Klebstoff

So wird es gemacht:
- Schneidet aus den zwei Bogen Tonpapier zwei gleich große Quadrate aus.
- Ein Quadrat faltet ihr in der Mitte, dann nochmals in der Mitte und zum Schluss zu einem Dreieck.

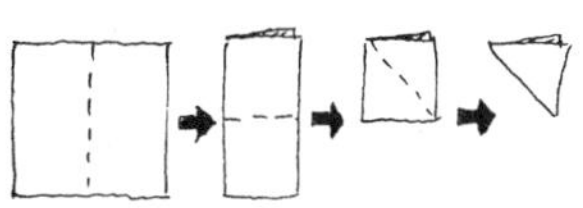

- Schneidet in das zusammengefaltete Papier Formen hinein.

- Faltet das Papier auf und klebt es auf das andere Tonpapierquadrat. Faltet die Karte in der Mitte.

Weihnachtsmotive in Kartenform

Das braucht ihr dazu:

- Tonpapier, Glanzpapier, dünne Pappe
- Schere
- Weihnachtskarten-Schablonen
- Bleistift und farbige Stifte
- Klebstoff

So wird es gemacht:

- Schneidet ein Rechteck aus Tonpapier aus. Faltet es in der Mitte.
- Legt die Schablone an der Faltlinie an und umfahrt das Motiv. Achtet beim Ausschneiden darauf, dass ihr die gestrichelte Faltlinie nicht durchschneidet.
- Verziert das Motiv mit farbigen Stiften, Glanzpapier oder Watte.

Schablonen für Weihnachtskarten (auf dünnen Karton vergrößert kopieren)

Pop-up-Weihnachtskarten

Das braucht ihr dazu:
- farbiges Tonpapier
- Zeichenpapier
- Schere
- Buntstifte
- Klebstoff

So wird es gemacht:
- Faltet das Tonpapier (DIN A4) in der Mitte. Faltet die Karte wieder auf.
- Schneidet einen Steg (3 cm breit und 14 cm lang) aus Tonpapier aus. Knickt die Enden des Steges ungefähr einen Zentimeter um. Klebt den Steg an den beiden umgeknickten Flächen innen in die Karte (Skizze 1) hinein.
- Zeichnet auf Papier ein weihnachtliches Motiv (Tannenbaum, Engel, Stern ...). Euer Motiv darf höchstens zwölf Zentimeter breit sein. Schneidet das Motiv aus. Klebt es auf dem Steg fest. Eine Hälfte des Motivs ist auf der rechten, die andere Hälfte auf der linken Seite des Steges (Skizze 2).
- Faltet den Steg mit dem Motiv (Skizze 3) und schließt die Karte.
- Verziert die Karte außen.

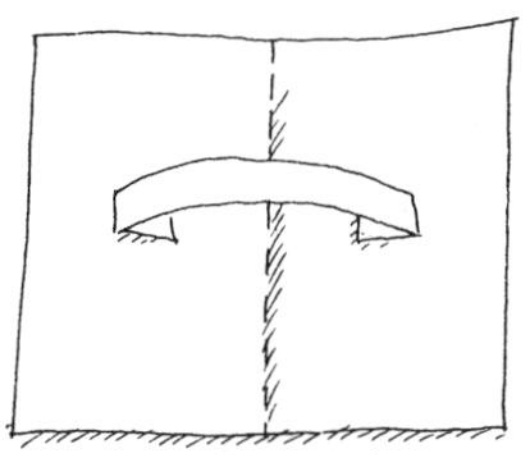

Skizze 1

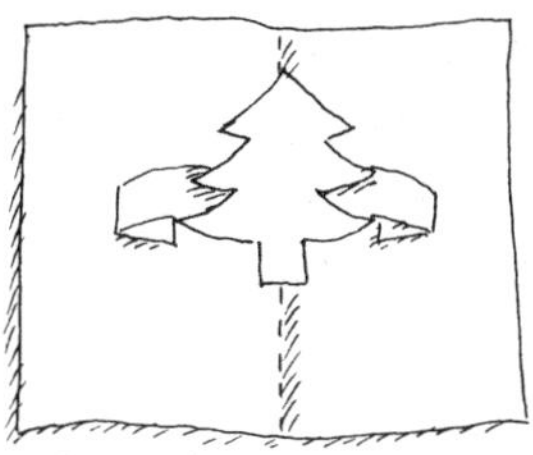

Skizze 2

Skizze 3

4. Bausteine für Feierstunden

Die Adventszeit ist die Zeit des Erzählens, Vorlesens, gemeinsamen Singens und Feierns. Mit viel Freude und Fantasie schmücken die Kinder ihr Klassenzimmer und bereiten kleine Feierstunden vor. Folgende Kopiervorlagen und kurze Beschreibungen bieten Anregungen.

Dekorative Ideen für das Klassenzimmer

Weihnachtskrippe

Die Krippenszene entsteht allmählich während der Adventszeit. In jeder Woche beschäftigen sich die Kinder mit einem Aspekt der Weihnachtsgeschichte und gestalten die entsprechende Szene. Die gesamte Weihnachtsszene wird entweder auf einem langen Tisch, auf einem niedrigen Schrank oder auf der Fensterbank aufgebaut. Vorteilhaft ist es, den Untergrund mit einer Plastikdecke zu schützen. Steht der Schrank oder der Tisch an einer Wand, wird ein passendes Hintergrundbild (z. B. Sternenhimmel) gemalt. Wird die Landschaft auf der Fensterbank aufgebaut, kann man die Fenster mit transparenten Sternen schmücken.

Mögliche Aktivitäten für vier Wochen:

1. Woche – Maria und Josef unterwegs:
Die Kinder basteln Maria, Josef und einen Esel. Sie bauen eine Landschaft mit Wegen und Bäumen aus Naturmaterialien (Moos, Steine, Rinden, Äste, Wurzeln, Zweige von Nadelbäumen) auf.

2. Woche – Hirten und Schafe:
Neben den Figuren werden Lagerfeuer, Stall und Zäune gebaut.

3. Woche – Im Stall zu Bethlehem:
Die Kinder basteln den Krippenstall sowie einen Ochsen, einen großen Stern und einige Engel.

4. Woche – Die Weisen aus dem Morgenland:
Die Heiligen Drei Könige, ihre Geschenke und Kamele werden um den Stall herum platziert.

Tipps zum Gestalten der Krippenszene

- **Geformte Figuren**

Geeignete Materialien sind Ton, Modelliermasse zum Lufttrocknen, Plastilin oder Salzteig (zwei Tassen Weizenmehl, eine Tasse Salz, eine dreiviertel Tasse Wasser).

- **Kegelfiguren**

Aus Tonpapier schneiden die Kinder das Gewand aus. Vor dem Zusammenkleben verzieren sie es mit Glanzpapier, Filzresten oder Borten. Für den Kopf wird eine Wattekugel verwendet. Mit Filzstiften malen die Kinder das Gesicht auf. Haare und Bart lassen sich mit Wollresten, Märchenwolle oder Watte gestalten. In den Kopf der Figur bohren die Kinder anschließend einen Zahnstocher, der durch den Kegel gesteckt wird. Zum Schluss befestigen sie den Zahnstocher mit etwas Klebeband an der Innenseite des Kegels.

- **Figuren aus leeren Küchenrollen**

Für den Körper der Figur schneiden die Kinder ein Stück von der Küchenrolle ab. In das obere Drittel der Rolle stechen sie nun zwei Löcher für die Arme. Durch diese Löcher schieben sie einen Pfeifenputzer, dessen Enden als Hände umgebogen werden. Den Körper und die Arme der Figur bekleben die Kinder mit Stoffresten, Filz und Borten. Der Kopf wird mit einer Wattekugel gestaltet. Man kann aber auch in ein Stück hautfarbenen Stoff Watte legen, den Stoff zusammenbinden und den so entstandenen Kopf bemalen und mit Haaren versehen. Wenn die Figur einen Hut tragen soll, können die Kinder diesen mit Stecknadeln vorsichtig am Kopf befestigen. Zuletzt wird der fertige Kopf am Körper festgeklebt.

- **Figuren aus Wellpappe**

Aus einem rechteckigen Stück Wellpappe kleben die Kinder eine Rolle, die sie eventuell zusätzlich mit einer Heftklammer fixieren. Indem sie um diese Rolle weitere Streifen Wellpappe von abnehmender Breite (siehe Skizze) kleben, erhalten sie eine Abschrägung. In das obere Drittel stechen die Kinder nun Löcher für die Arme. Für die Gestaltung der Arme werden aus schmalen Streifen Wellpappe dünne Rollen geklebt. Kleine Papierkugeln, die die Kinder auch aus Krepppapier herstellen können, dienen als Hände. Für den Kopf nimmt man eine Wattekugel.

- **Figuren aus Pfeifenputzern**

Für jede Figur benötigt man zwei Pfeifenputzer von je 50 Zentimeter Länge. Beide Pfeifenputzer werden in der Mitte geknickt. Aus den Enden des einen Pfeifenputzers formen die Kinder die Hände, aus den Enden des anderen die Füße (Skizze 1). Der Pfeifenputzer mit den Armen wird um den anderen Pfeifenputzer so gewickelt, dass er mit ihm gemeinsam den Rumpf bildet (Skizze 2). Danach schneiden die Kinder in die Mitte eines rechteckigen Stück Stoffes ein kleines Loch, durch das der Hals der Figur gesteckt wird (Skizze 3). Ein Band hält das Kleid locker unter den Armen zusammen. Der Kopf besteht aus einer Wattekugel, die auf den Hals gesteckt wird. Zum Schluss befestigen die Kinder die Figur mit Heftklammern auf einem Stück dicker Pappe und bringen sie in die gewünschte Körperhaltung (Skizze 4). Sollte die Figur dennoch kippen, kann man die Pappe zusätzlich mit einem kleinen Stein beschweren.

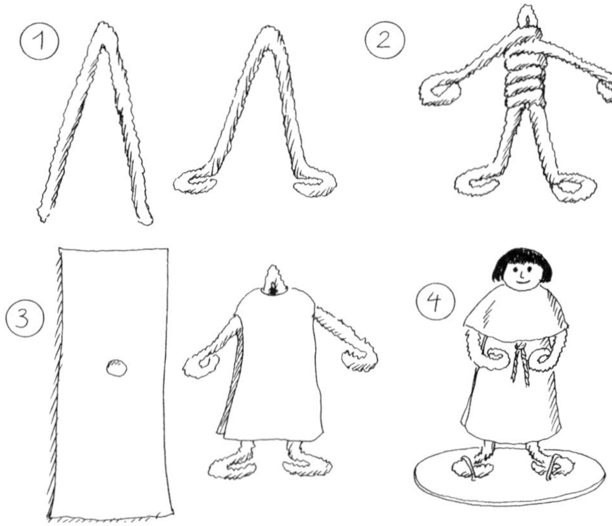

- **Tierfiguren**

Um Tierfiguren zu formen, kann man Ton, Salzteig, Plastilin oder lufttrocknende Modelliermasse verwenden.

Doch auch aus Wellpappe lassen sich schnell Tierfiguren herstellen. Dazu schneiden die Kinder die Vorlagen zweimal aus, davon einmal spiegelbildlich. Anschließend kleben sie die Tierformen im Kopf- und Körperbereich zusammen. Damit das Tier stehen kann, biegen sie die Beine etwas nach außen. Soll die Figur verschiedenfarbig sein, werden die einzelnen Körperteile in den gewünschten Farben doppelt und spiegelbildlich ausgeschnitten und anschließend aneinander geklebt.

Dünner Karton eignet sich ebenfalls für die Gestaltung von Tierfiguren. Auch hier wird die Tierform zweimal ausgeschnitten und an Kopf und Körper zusammengeklebt. Zum Schluss können die Kinder ihre Figuren anmalen oder mit Watte bzw. Filz verzieren.

Kopiervorlagen für Tierfiguren:

- **Pflanzen**

Für die Gestaltung von Bäumen und Sträuchern eignen sich Naturmaterialien wie Zweige, dünne Ästchen und getrocknete Gräser, die einfach mit dünnem Draht zusammengebunden werden. Für einen guten Stand sorgt etwas Knetmasse, in die der Baum oder Strauch gesteckt wird.
Pflanzen lassen sich leicht aus Pappe oder Wellpappe herstellen. Dazu schneidet man alle Formen doppelt (bei Wellpappe auch spiegelbildlich) aus. Danach werden sie im oberen Teil zusammengeklebt. Den unteren Teil knickt man nach vorne und hinten, sodass die Pflanze stabil steht.

- **Zäune**

Zäune gestaltet man aus zwei schmalen Streifen Wellpappe. In regelmäßigen Abständen werden Strohhalme oder Zahnstocher in die Hohlräume gesteckt. Dünne Rollen aus Wellpappe dienen als Zaunpfosten. Diese Pfosten werden auf den Zaun geklebt und eventuell mit etwas Knetmasse zum Stehen gebracht.

- **Stall**

Zunächst nagelt man mehrere dünne Äste zu einem Gerüst zusammen. Das Dach wird aus Rindenstücken, Moos und Stroh aufgeklebt. Als Klebstoff eignet sich hier Weißleim.
Für den Bau eines Stalles können die Kinder auch eine Schachtel verwenden, die mit Stroh, Rindenstücken und Moos beklebt wird.
Ferner kann ein Stück Maschendraht das Grundgerüst eines Krippenstalles bilden. Das Stück Maschendraht wird dazu in Dachform gebogen. Auf den Drahtmaschen lassen sich anschließend Naturmaterialien befestigen.

Adventskalender

- **Adventsbriefe**

Die Kinder falten einfache Briefumschläge. Auf die Innenseite malen sie, worauf sie sich am meisten freuen. Diesen Briefen kann die Lehrerin ein adventliches Suchbild oder ein geometrisches Rätsel beilegen. Ältere Kinder schreiben ein selbst gewähltes Gedicht in Schmuckschrift ab oder denken sich ein Rätsel aus. Vor dem Schließen des Briefes wird ein Stück goldener oder silberner Faden als Anhänger eingelegt. Der Brief wird außen mit weihnachtlichen Motiven verziert, mit einem Sticker verschlossen und mit einer Zahl versehen an einen Ast gehängt. Jeden Tag bekommt ein Kind einen Weihnachtsbrief und hängt dafür einen selbst gebastelten Stern oder Engel an den Zweig.

Falten des Weihnachtsbriefes:

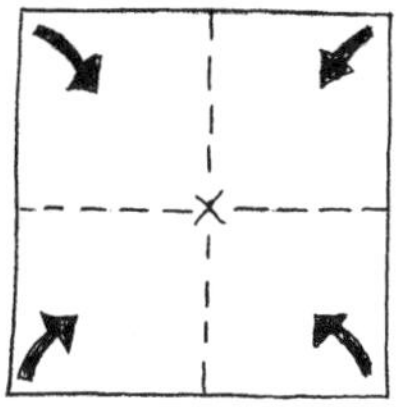

- **Adventspäckchen**

Leere Zündholzschachteln werden mit kleinen Überraschungen wie Süßigkeiten oder Stickern gefüllt und mit Weihnachtspapier beklebt. Jede Schachtel erhält eine Zahl. Die Kinder malen auf einem großen Bogen Papier einen Weihnachtsbaum oder einen Schlitten. Das Bild wird auf Karton geklebt. Zum Schluss werden die kleinen Päckchen auf dem Schlitten oder unter dem Weihnachtsbaum festgeklebt.
Der Adventskalender lässt sich auch in eine Weihnachtsszene integrieren. Dazu werden die leeren Zündholzschachteln mit Watte beklebt. Die Kinder gestalten auf einem großen Bogen Papier (evtl. Tapetenrest) eine Weihnachtskrippe. Das Bild wird auf einen stabilen Karton geklebt. Dann werden die Schachteln um die Krippe herum geklebt. Die Kinder malen an jede Schachtel einen Kopf und die Beine. Fertig ist die Schafherde, die zur Krippe zieht.
Auch ein Sternenhimmel lässt sich als Adventskalender gestalten. Dazu klebt man auf jede Schachtel einen großen Stern aus Glanzfolie und befestigt die Sternenschachteln auf dunkelblauem Tonkarton.

- **Adventstüten**

Für die Adventstüten braucht man 24 Rechtecke (ca. 21 cm x 15 cm) aus Tonpapier. Jedes Rechteck wird entlang der Längsseiten zu einer Tüte gedreht und mit einem durchsichtigen Klebeband zusammengeklebt. Anschließend kann man die Tüten mit Sternen verzieren. Die Spitze der Tüte wird gelocht und mit einem Ringverstärker versehen. Durch das Loch zieht man ein Geschenkband. Zum Schluss werden die Tüten an einem Stab aufgehängt und mit kleinen Überraschungen gefüllt. Diese Überraschungen können auch Aktivitäten (Vorlesen, Spiele, Rätsel, Lieder, Bastelanleitungen usw.) sein.

* **Adventskalender für die Fensterbank**

Die Lehrerin stellt 24 Teelichter in einer Reihe auf die Fensterbank. Alternativ können auch 24 größere, bunte Glassteine hingelegt werden. Am Ende dieser Reihe steht ein leerer Krippenstall. Die Krippenfiguren Maria und Josef wandern jeden Tag ein Licht oder einen Stein weiter, bis sie am 24. Dezember den Krippenstall erreicht haben. Verwendet man Teelichter, wird jeden Tag ein Teelicht mehr angezündet. So wird für die Kinder die Zeit des Wartens optisch verdeutlicht. Unter jeden Stein oder unter jedes Licht kann die Lehrerin zusätzlich einen zusammengefalteten Zettel mit einem guten Wunsch (z. B.: „Ich wünsche dir gute Freunde.“) legen. Jeden Tag bekommt ein Kind einen Zettel. Sollten mehr als 24 Kinder in der Klasse sein, werden unter einige Steine oder Lichter zwei Zettel gelegt.

Baumschmuck

* **Himmlische Boten**

Für die Boten benötigt man einige weiße Federn, Wattekugeln, etwas Engelshaar, dünnen Kupferdraht, Filzstifte und flüssigen Klebstoff. Zunächst wird die Wattekugel mit einer dicken Stricknadel durchbohrt. Mit Filzstiften malen die Kinder ein Gesicht auf die Wattekugel. Aus Kupferdraht formen sie dann eine Schlaufe, die durch den Wattekopf gezogen wird. Am Ende der Schlaufe befestigen sie einige weiße Federn. Die Schlaufe wird nun so angezogen, dass die Federn den Körper des Engels bilden. Zum Schluss kleben die Kinder etwas Engelshaar an den Kopf der Figur.

Anstelle der Federn kann auch eine Filtertüte als Engelskleid dienen. Dazu binden die Kinder einen Faden um den Boden der Filtertüte und drehen die Tüte dann auf die andere Seite. Anschließend verzieren sie das Kleid mit Sternen. Zusätzlich kleben sie Flügel aus Goldfolie an. Der Wattekopf wird mit Nadel und Faden durchstochen, damit der Engel später aufgehängt werden kann. Dann zeichnen die Kinder das Gesicht auf und umrahmen es mit etwas Engelshaar. Zum Schluss kleben sie den Kopf an der Filtertüte fest.

- **Girlanden**

Erdnüsse, kleine Zapfen, Holzperlen, weihnachtliche Motive aus getrockneten Mandarinenschalen und gebundene Schleifen aus einem Geschenkband werden abwechselnd an einen dünnen Basteldraht befestigt.

- **Baumschmuck aus Draht**

Die Kinder biegen aus dünnem Basteldraht (z. B. Blumendraht) einfache Figuren. Diese Figuren können zusätzlich mit einem goldenen oder silbernen Draht umwickelt werden.
Alternativ dazu umwickeln die Kinder ein etwa 60 cm langes Stück Blumendraht bis auf die Enden mit einem fast genauso langen Stück Alufolie. Die Folie wird fest an den Draht gedrückt. Die Drahtenden werden zu einem Kreis zusammengefügt und ebenfalls mit Folie umwickelt. Die Kinder formen jetzt aus dem Kreis weihnachtliche Motive wie Sterne, Kerzen, Tannenbäume oder Glocken. Anschließend legen sie die gebogenen Formen auf den Boden und treten diese mit den Füßen auf beiden Seiten platt.

Mobiles

- **Mobile aus Naturmaterialien**

Die Kinder befestigen Naturmaterialien wie kleine Zapfen, Rindenstückchen, Zweige, getrocknete Orangenscheiben, Zimtstangen und Nüsse mit dünnem Basteldraht aneinander. Die Drahtenden werden zu Schlaufen gebogen und an die Enden von dünnen Stäben oder Ästen gehängt. Haben die Kinder alle Stäbe mit einem Faden zu einem Mobile verbunden, können sie nun durch Verschieben der Anhänger und der Fäden das Gleichgewicht herstellen.

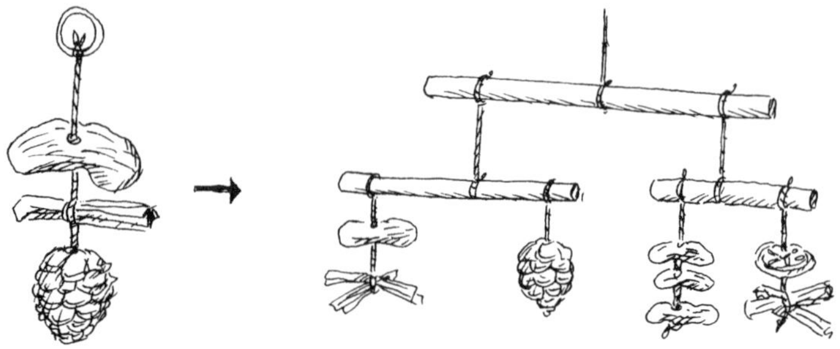

- **Weihnachtliche Duftreifen**

Zunächst befestigt man Zitronen- und Orangenscheiben, Zimtstangen, Anissterne, kleine Motive aus getrockneten Mandarinenschalen und kurze Zweige von Nadelbäumen mit Basteldraht aneinander. Danach hängt man diese Girlanden rings um einen Gymnastikreifen. Dazwischen werden Ketten mit Sternen, Federengeln (siehe S. 58) und kleinen Geschenkpäckchen aus Zündholzschachteln angebracht. Den so geschmückten Reifen kann die Lehrerin nun an der Decke im Klassenzimmer befestigen. Die weihnachtlichen Girlanden können aber auch an einen größeren Ast (z. B. Korkenzieherhaselnuss) gehängt werden.

Lichterstadt

Als Erstes werden aus quadratischem Papier Häuser gefaltet (siehe Skizzen, S. 61). Anschließend malen die Kinder die Häuser mit Wasserfarben an. Nach dem Trocknen streichen sie die Häuser mit Salatöl ein und lassen sie wiederum zwei bis drei Tage trocknen. Dann wird eine Lichterkette ausgelegt und über jedem Lämpchen ein Haus platziert. Die Drähte liegen versteckt unter Moos und Rindenstücken.

Faltanleitung (Papiergröße ca. 20 cm x 20 cm):
Das Papier wird so gefaltet, dass vier gleich große Teile entstehen (1). Danach wiederholt man den Faltvorgang so oft, bis insgesamt 16 kleine Faltquadrate zu sehen sind (2). Die äußeren Quadrate werden eingeschnitten (sechsmal). Dann klebt man die mittleren Quadrate vorne und hinten übereinander. So entsteht das Dach (3). Zum Schluss werden die äußeren Quadrate vorne und hinten etwas übereinander geklebt, damit das Haus steht (4).

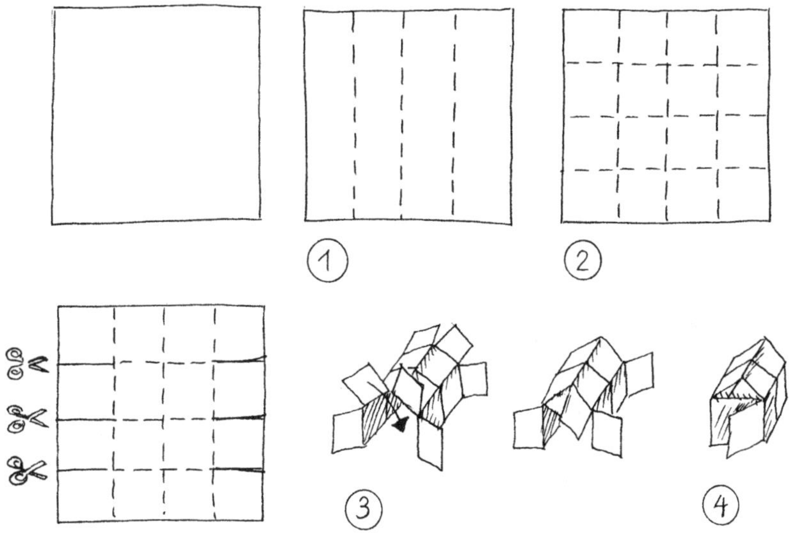

Dekoration mit Geschenken

Originell verpackte Geschenke auf der Fensterbank oder unter einem weihnachtlich dekorierten Ast stellen einen besonderen Blickfang in der Adventszeit dar. Dabei kommt es in diesem Fall ganz auf die Verpackung an, da der Inhalt aus Abfallmaterial (z. B. leere Pralinenschachtel, Dose, Flasche usw.) besteht. Zum Verpacken bietet die Lehrerin verschiedene Papiersorten wie Krepppapier, Transparentpapier oder Packpapier an. Zum Befestigen des Papiers verwenden die Kinder neben Klebeband und Geschenkband auch Wolle, Pfeifenputzer, Draht und Schnur. Dabei probieren sie verschiedene Möglichkeiten des Einpackens aus und dekorieren ihre „Geschenke“ fantasievoll. Zum Schluss überlegen die Kinder, was unter den Verpackungen der anderen verborgen sein könnte.

Tischschmuck

- **Duftorange**

Auf einem größeren Kerzenhalter wird eine Orange aufgespießt. Die Kinder drücken Gewürznelken in die Schale der Orange. Besonders schön ist es, wenn dabei auf der Orange Muster entstehen. Zum Schluss werden um die Orange herum Tannenzweige, Stangenzimt, einige Nüsse, etwas Engelshaar oder eine Sternengirlande gelegt. Benötigt man einen größeren duftenden Tischschmuck, so ordnet man einige der Duftorangen in einer flachen Schale an. In die Mitte wird dann eine größere Kerze gestellt.

- **Weihnachtsserviette**

Zunächst falten die Kinder eine rote Serviette zusammen (siehe Skizze). Dann schneiden sie den Kopf des Weihnachtsmannes aus (siehe Kopiervorlage) und malen ihn an. Die Streifen seitlich des Kopfes werden rot ausgemalt. Um die Haare und den Bart zu gestalten, kleben die Kinder etwas Watte um das Gesicht herum. Zum Schluss werden die Streifen zu einem Ring zusammengeklebt und über die Serviette gesteckt.

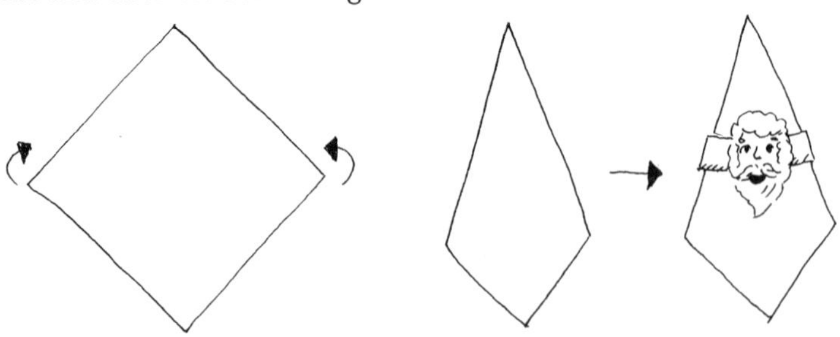

Kopiervorlage für den Serviettenring:

• Weihnachtsstecker

Ein kleiner Blumentopf wird mit Sand gefüllt. In den Sand steckt man einige Tannenzweige. Die Sternenschablone wird auf gold- oder silberfarbene Wellpappe übertragen und ausgeschnitten. Zusätzlich kann man den Stern mit Resten von Goldpapier verzieren. Will man einen Kerzenstecker basteln, so wird zunächst die Kerze mit der Flamme aus farbiger Wellpappe ausgeschnitten. Anschließend klebt man die Kerzenflamme aus Goldfolie auf. Der Nikolausstiefel wird aus roter Wellpappe ausgeschnitten und danach mit Watte und Resten von Goldpapier oder Wellpappe verziert. Beim Engel beklebt man die Flügel mit Goldpapier. Am Kopf wird etwas Engelshaar befestigt und das Gesicht aufgezeichnet.

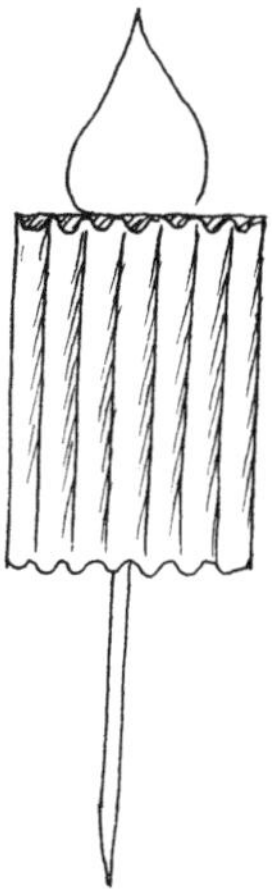

Wichtig ist, dass die Rillen der Wellpappe stets so verlaufen, dass die ausgeschnittene Figur auf einen dünnen Holzspieß gesteckt werden kann. Natürlich kann man anstelle der Wellpappe auch Tonpapier verwenden. Dazu schneidet man die Motive jeweils zweimal aus. Der Holzspieß liegt nun zwischen den beiden Figuren, die aufeinander geklebt werden.

Kopiervorlagen für Weihnachtsstecker:

- **Tischlaternen**

Die Kinder bemalen einen Streifen Zeichenpapier (ca. 40 cm x 15 cm) mit weihnachtlichen Motiven, bis das gesamte Papier farbig gestaltet ist. Dazu verwenden sie Wachsmalkreiden, Bunt- oder Filzstifte. Im nächsten Schritt streichen die Kinder das Papier mit Salatöl ein und lassen es auf Zeitungspapier zwei bis drei Tage trocknen. Danach wird der Papierstreifen zu einer Rolle zusammengeklebt. Stellt man jetzt in die Rolle ein niedriges Trinkglas oder ein Marmeladenglas mit einem Teelicht, beginnen die Farben der bemalten Papierrolle festlich im abgedunkelten Raum zu leuchten.
Übrigens lassen sich so auch leuchtende Fensterbilder herstellen. Dazu malen die Kinder wiederum Kerzen, Weihnachtsmänner, Sterne usw. auf. Die ausgeschnittenen Motive werden mit Salatöl bestrichen und getrocknet.

Gestalten von Mittelpunkten für Erzähl- und Vorlesekreise

Krippengärtchen

Eine leere Obstkiste aus Holz wird innen mit Plastikfolie ausgekleidet. Außen herum befestigt man mit einigen Reißnägeln ein grünes Tuch. Jetzt füllen die Kinder die Kiste mit Moospolster aus und gestalten mit Rindenstücken, kleinen Wurzeln, Steinen und Zweigen eine Landschaft.
Während des Advents erzählt die Lehrerin jede Woche einen Teil der Weihnachtsgeschichte. Das Krippengärtchen wird im Laufe der Erzählung verändert. Neben einem kleinen Krippenstall benötigt man die möglichst biegsamen Erzählfiguren Maria und Josef, das Jesuskind sowie einige Teelichter oder kleinere Kiesel- und Edelsteine.

Erzählvorschläge für die vier Adventswochen:

1. Advent: Maria ist offen für die frohe Nachricht

Maria wohnt in einem Ort namens Nazareth. *(Die Lehrerin stellt die Figur der Maria in den Mittelpunkt des Krippengärtchens.)* Dort lebt auch ihr Freund Josef. Beide haben sich sehr gern und wollen bald heiraten. Maria ist deshalb sehr glücklich und freut sich schon auf die Hochzeit. *(Die Lehrerin legt einen*

leuchtenden Edelstein dazu oder entzündet ein Teelicht.) Aber heute hat sie sich große Sorgen gemacht. Denn wieder einmal sind die römischen Soldaten durch ihren Ort gezogen. Sie haben das Land besetzt und treiben für den Kaiser in Rom Geld ein. Viele Menschen wissen längst nicht mehr, woher sie das Geld nehmen sollen. Oft gehen die Soldaten sehr brutal mit den Menschen um. Deshalb kämpfen einige junge Männer gegen die Soldaten. Immer wieder gibt es Tote. *(Die Lehrerin legt einen Stein neben das Teelicht bzw. den Edelstein.)*
Als Maria ihrer Mutter Anna am Abend von ihren Sorgen erzählt, versucht diese Maria zu trösten. Sie sagt: „Einmal wird Gott uns einen Retter schicken. Wir dürfen die Hoffnung niemals aufgeben. Gott wird uns ganz bestimmt helfen." *(Ein weiterer Edelstein wird dazugelegt oder ein zweites Teelicht angezündet.)*
An diesem Abend kann Maria lange nicht einschlafen. Ihr gehen viele Gedanken durch den Kopf. *(Mithilfe des gelegten Materials erzählen die Kinder die Gedanken Marias nach.)* Plötzlich kommt es Maria so vor, als ob sie nicht allein im Zimmer sei. Sie meint, ein Fremder würde mit ihr sprechen. Es ist wie eine Stimme in ihrem Inneren, die zu ihr sagt: „Maria, sei gegrüßt und habe keine Angst. Du wirst bald einen Sohn zur Welt bringen. Gib diesem Kind den Namen Jesus. Dieser Name bedeutet: Gott rettet. Gott hat nämlich mit deinem Kind Großes vor. Dein Kind wird für viele Menschen der Retter sein." *(Edelstein oder Teelicht)*
Maria ist ganz durcheinander. Sie denkt: „Was geht hier vor? Träume ich das alles? Spricht ein Bote von Gott zu mir?" Da hört sie die Stimme noch einmal: „Mach dir keine Sorgen, Maria. Geh zu Elisabeth, deiner Verwandten. Sie erwartet auch ein Kind und wird dir helfen." Maria denkt noch lange über das nach, was ihr die Stimme gesagt hat. Sie ist doch nur eine arme Frau. Sie und Josef haben keine Macht. Wie soll es da möglich sein, dass ihr Sohn für viele Menschen einmal der Retter werden wird? Was werden die anderen Leute im Dorf dazu sagen? *(Ein Stein wird dazugelegt.)* Aber dann freut sich Maria, weil Gott so Großes mit ihr vor hat. Sie will diese Aufgabe annehmen *(Teelicht oder Edelstein)*, auch wenn es nicht leicht für sie wird. Gott ist bei ihr. Darauf vertraut Maria fest. *(Die Kinder stellen pantomimisch einen Menschen dar, der zuhört, sich öffnet. Falls die Figur der Maria beweglich ist, bringen sie diese in eine entsprechende Körperhaltung.)*

2. Advent: Maria besucht Elisabeth

Einige Wochen sind vergangen. Maria muss immer wieder über das nachdenken, was ihr die Stimme gesagt hat. Es gibt Tage, da ist sie sehr glücklich. *(Die Kinder erzählen zu Edelsteinen bzw. Teelichtern.)* An manchen Tagen ist sie aber auch sehr bedrückt. *(Die Kinder erzählen zu den Steinen.)* Da erinnert

sich Maria daran, dass ihr die Stimme gesagt hat: „Geh zu Elisabeth. Sie bekommt auch ein Baby und wird dir helfen."
Als einige Leute aus ihrem Dorf zu dem Ort reisen, in dem Elisabeth wohnt, schließt sich Maria der Reisegruppe an. Sie ist schon ganz gespannt auf Elisabeth. Als sie endlich das Haus ihrer Verwandten betritt, wird sie von Elisabeth freudig begrüßt: „Freu dich, Maria! Gott hat Großes mit deinem Kind vor. Es wird einmal der Retter seines Volkes sein. Und dich hat Gott auserwählt, die Mutter dieses bedeutenden Kindes zu werden." *(Teelicht oder Edelstein)*
Maria fühlt sich sofort wohl bei Elisabeth. Sie kann mit Elisabeth über alles reden. Das hilft ihr. Die Zeit vergeht rasch. Und so beschließt Maria, wieder zu Josef zurückzukehren. Sie bedankt sich bei Elisabeth für die schöne Zeit und freut sich schon darauf, Josef alles zu erzählen. *(Ein weiteres Teelicht wird entzündet oder ein Edelstein dazugelegt. Die Kinder erzählen, worüber Maria mit Josef reden wird.)*

3. Advent: Maria und Josef unterwegs
Maria ist wieder in Nazareth bei Josef. Sie weiß, dass es jetzt nicht mehr lange bis zur Geburt ihres Kindes dauert. Sie muss ihre Arbeit langsamer als sonst tun und sich öfter ausruhen. Josef kümmert sich liebevoll um sie. *(Die Figur des Josefs wird dazugestellt.)* Plötzlich gibt es große Aufregung im Dorf. Ein Bote der Römer ist gekommen. Das kann nichts Gutes bedeuten. Maria bekommt Angst *(Stein dazulegen)*. Der römische Bote hat eine Schriftrolle dabei und liest einen Befehl des Kaisers vor: „Der Kaiser in Rom setzt eine neue Steuer fest. Jeder muss dorthin gehen, woher seine Familie kommt und sich dort in eine Steuerliste eintragen lassen. Das ist ein Befehl des Kaisers."
Die Leute murren. Auch Maria merkt, wie in ihr die Wut hochsteigt: Noch mehr Steuern! Wovon sollen sie denn später als Familie leben? Ausgerechnet jetzt müssen sie sich auf den Weg machen, wo doch bald ihr Kind zur Welt kommt. Wie sollen sie das nur alles schaffen? *(Stein dazulegen)*
Josef und Maria packen in aller Eile das Nötigste zusammen. Josefs Familie stammt aus Bethlehem. Dorthin müssen beide nun gehen. Ein langer und anstrengender Weg liegt vor ihnen *(Stein dazulegen)*. Nur gut, dass Maria nicht allein reisen muss. Josef kümmert sich sehr um Maria. So gut er kann, versucht er ihr zu helfen *(Teelicht entzünden oder Edelstein dazulegen)*. Als sie endlich in Bethlehem ankommen, herrscht dort ein großes Gedränge. Maria macht sich Sorgen. Werden sie noch eine Unterkunft bekommen? Zuhause hatten Josef und Maria alles schon so schön auf die Geburt ihres Kindes vorbereitet. Aber hier? Und tatsächlich – überall, wo Josef um eine Unterkunft bittet, weisen ihn die Leute ab: „Tut uns Leid. Alle Zimmer sind belegt." *(Stein dazulegen)*

Maria und Josef sind schon ganz verzweifelt. Wo soll denn ihr Kind zur Welt kommen? Da treffen sie einen Bauern, der Mitleid mit ihnen hat. Ein Zimmer kann er ihnen zwar nicht bieten, aber dafür einen Stall, der etwas abseits von Bethlehem liegt. Die Schafe des Bauern sind gerade auf der Weide. Deshalb ist Platz im Stall. Maria und Josef sind froh. Endlich haben sie eine Unterkunft. Im Stall ist es warm. So gut es eben geht, bereiten sie alles für die Geburt vor. Wenigstens ein Dach über dem Kopf haben sie jetzt. *(Ein Teelicht wird angezündet oder ein Edelstein dazugelegt. Die Kinder stellen den Krippenstall im Krippengärtchen auf.)*

4. Advent: Jesus wird geboren

Es ist mitten in der Nacht. Maria hat ihr Kind zur Welt gebracht. *(Die Figur des Jesuskindes wird zu Maria und Josef gelegt.)* Maria und Josef schauen ihren Sohn glücklich an *(Teelicht oder Edelstein).* Sie sind sehr stolz auf ihr Kind. Alles ist gut gegangen bei der Geburt. So viel Schweres haben sie überstanden *(Wiederholung zu Steinen).* Vorsichtig legen Maria und Josef ihr Kind Jesus in eine leere Futterkrippe. Maria setzt sich daneben und betrachtet still ihr Kind. Es ist nichts Ungewöhnliches an Jesus. Es ist ein Baby, das mit seinen Beinen strampelt und das schreit, wenn es Hunger hat. „Dieses Kind also", denkt Maria, „wird der Retter für viele Menschen in meinem Volk sein." *(Teelicht oder Edelstein)*

Auch Josef kann in dieser Nacht nicht schlafen. Er betrachtet den Nachthimmel. So viele Sterne. Wie schön sie leuchten. Ein Licht strahlt besonders hell. Josef fragt sich, woher dieses Licht wohl kommt? Dann geht er wieder in den Stall zu Maria. Das Baby ist inzwischen tief eingeschlafen. Maria und Josef sehen sich glücklich an *(Teelicht oder Edelstein).*

Bodenbilder

Nach Möglichkeit sollten die Bodenbilder während der Adventszeit liegen bleiben können. Vielleicht gibt es an der Schule einen Nebenraum oder einen Platz in der Aula, sodass sich die Kinder jeden Morgen um das Bodenbild zu einer kleinen Feier versammeln können. Als Untergrund für die Bodenbilder dienen dünne Styroporplatten, die mit grünem Filz bespannt werden. Die Platten lassen sich je nach Bedarf zu einem großen Quadrat oder einem Rechteck aneinander legen.

Im Folgenden werden einige Beispiele für weihnachtliche Bodenbilder vorgestellt.

- **Lichterspirale**

Im Zentrum liegt das Jesuskind auf etwas Stroh. Alternativ kann man auch ein ausdrucksstarkes Krippenbild hinlegen. Ausgehend vom Zentrum wird eine Spirale aus einem Goldfaden gelegt und mit Stecknadeln auf den Styroporplatten befestigt. Auf der Spirale stehen insgesamt 24 Teelichter. Jeden Tag wird ein Teelicht mehr entzündet, wobei man außen beginnt.

- **In 24 Schritten zum Weihnachtsfest**

Im Zentrum steht eine Bodenvase mit 24 Tannenzweigen. Von hier aus wird spiralförmig ein Goldfaden gelegt. Aus farbigem Tonpapier werden 24 Fußspuren ausgeschnitten und auf den Goldfaden gelegt. Die Kinder überlegen gemeinsam, wie sie einander eine Freude machen können. Die Beispiele werden auf die Fußspuren geschrieben. Hier eine kleine Auswahl:

Begrüße heute jemanden besonders freundlich.
Spiel in der Pause mit einem Kind, das oft ganz allein ist.
Achte auf die Ordnung im Klassenzimmer.
Hilf einem anderen Kind.
Sag jemandem, was du gut an ihm findest.
Usw.

Am Morgen versammeln sich die Kinder um das Bodenbild. Jeden Tag wird ein Teelicht zur nächsten Fußspur innerhalb der Spirale gestellt. Dabei arbeitet sich die Klasse von außen nach innen vor. Ein Kind liest das Tagesmotto der Fußspur vor. Jeder, dem es gelingt, im Laufe des Tages das Motto der Fußspur zu erfüllen, darf den Zweig des Tages mit einer kleinen Schleife schmücken.

- **Sternstunden**

Im Zentrum steht der Adventskranz oder eine besonders große Kerze, die während der Feier angezündet wird. Ausgehend vom Zentrum werden Goldfäden strahlenförmig angeordnet und mit Stecknadeln fixiert. Auf die Fäden legt man Sterne in der Anzahl der Kinder. Jedes Kind hat seinen Stern vorher mit einer Weihnachtsbotschaft beschriftet. Diese Botschaft beginnt zum Beispiel so: „Ich wünsche dir …“
Jeden Tag werden eine oder zwei Weihnachtsbotschaft/en vorgelesen. Auf die Sterne werden nach einer kurzen Aussprache oder Stillezeit kleine Edelsteine gelegt.

- **Mein Weg zur Krippe**

In der Mitte steht eine Krippe. Alternativ kann die Lehrerin auch ein Krippenbild verwenden. Vom Zentrum aus werden strahlenförmig Goldfäden in der Anzahl der Kinder befestigt. Am Ende jedes Goldfadens liegt ein Kärtchen mit dem Namen des Kindes oder eine Symbolkarte, die jedes Kind für sich gestaltet hat. Außerdem stehen zwei Körbe mit kleinen Schotter- und Edelsteinen bereit. Jeden Morgen treffen sich die Kinder am Bodenbild. In einer Stilleübung denken sie noch einmal über den vergangenen Tag nach. Anschließend legen sie Schottersteine für traurige und Edelsteine für schöne Erlebnisse auf ihren Goldfaden. Wer möchte, kann dazu kurz erzählen.

Gedichte und Lieder

Advent

Es treibt der Wind im Winterwalde
die Flockenherde wie ein Hirt,
und manche Tanne ahnt, wie balde
sie fromm und lichterheilig wird;
und lauscht hinaus. Den weißen Wegen
streckt sie die Zweige hin – bereit,
und wehrt dem Wind und wächst entgegen
der einen Nacht der Herrlichkeit.

Rainer Maria Rilke

(Aus: Signe Sellke, Hrsg., Das Flügelpferd. Gedichte für Groß und Klein. Schroedel Verlag, Hannover 1999)

- **Piktogramme zum Gedicht „Advent“**

Die Kinder stellen entweder das ganze Gedicht oder einzelne Wörter als Piktogramme dar, z. B.:

- **Tanz mit Orffbegleitung zum Gedicht „Advent“**

Die Kinder werden in eine Sprech-, Tanz- und Orffgruppe eingeteilt.
Den Mittelpunkt bildet ein geschmückter Weihnachtsbaum oder eine Bodenvase mit Tannenzweigen. Man kann auch Geschenke um den Baum oder die Vase legen. Um den Mittelpunkt herum stehen Kinder, die die Tannen darstellen.

Gedichttext	Ablauf	Materialien/Instrumente
Vorspiel	*Sprechgruppe:* rhythmisches Sprechen der Wörter Winterwald – Lichterbaum – Weihnachtstraum; jedes Wort wird dreimal wiederholt. *Orffgruppe:* rhythmische Begleitung	Schellenkranz, Zimbeln und Triangel
Zeile 1 bis 3	*Sprechgruppe:* betontes, immer lauter werdendes Sprechen *Tanzgruppe:* Windkinder (blaue Tücher) treiben Schneekinder (weiße Tücher) zwischen den Tannen (grüne Tücher) hin und her. *Orffgruppe:* rhythmische Begleitung der Zeilen 1 bis 3	Kinder sind mit blauen, weißen oder grünen Tüchern bekleidet. Schellenkränze
Zeile 4 bis 5	*Sprechgruppe:* langsames, betontes Sprechen *Tanzgruppe:* Wind- und Schneekinder bleiben stehen. Sternenkinder kommen hinzu und überreichen jedem Baum ein Licht. *Orffgruppe:* Anschlagen von Triangeln	Sternenkinder tragen Haarreifen mit Sternen oder einen Kranz aus Deko-Sternengirlanden. Als Lichter verwendet man Teelichter, die in niedrige Trinkgläser gestellt werden. Triangeln
Zeile 6 bis 7	*Sprechgruppe:* Pause nach „ ... und lauscht hinaus." *Tanzgruppe:* Bei Zeile 6 legen die Tannen eine Hand ans Ohr. Bei Zeile 7 strecken sie ihre Arme mit dem Licht den Schnee- und Windkindern entgegen. *Orffgruppe:* Bei Zeile 7 wird das Glockenspiel angeschlagen (Tonleiter aufwärts).	Glockenspiel
Zeile 8 und 9	*Sprechgruppe:* langsames, lautes Sprechen *Tanzgruppe:* Windkinder laufen bei Zeile 8 einmal um eine Tanne herum, während die Tannen mit den Händen abwehrende Gesten machen. Bei Zeile 9 drehen sich alle Kinder der Tanzgruppe in Richtung Mittelpunkt. Die Wind- und Schneekinder gehen in die Hocke. Die Tannenkinder strecken dem Zentrum beide Arme mit dem Licht entgegen. *Orffgruppe:* Zeile 8 wird mit Schellenkränzen begleitet. Bei Zeile 9 werden die Zimbeln angeschlagen.	Schellenkränze Zimbeln
Nachspiel	*Orffgruppe und Sprechgruppe:* siehe Vorspiel	Schellenkränze, Zimbeln, Triangeln

• Dialoge schreiben zum Gedicht „Advent“

Die Kinder denken sich ein Gespräch zwischen zwei Tannen oder einer Tanne und einem Tier (Hase, Eichhörnchen, Reh, Rabe, Eule) im Winterwald aus und schreiben es auf. Inhalt des Gesprächs ist die Vorfreude auf das Weihnachtsfest. Die Dialoge der Kinder können zu einem Weihnachtsbuch zusammengefasst oder im Anschluss an den Gedichtvortrag gespielt werden.

Weihnachten

Markt und Straßen steh'n verlassen,
Still erleuchtet jedes Haus,
Sinnend geh' ich durch die Gassen,
Alles sieht so festlich aus.

An den Fenstern haben Frauen
Buntes Spielzeug fromm geschmückt,
Tausend Kindlein steh'n und schauen,
Sind so wunderstill beglückt.

Und ich wandre aus den Mauern
Bis hinaus in's freie Feld,
Hehres Glänzen, heil'ges Schauern!
Wie so weit und still die Welt!

Sterne hoch die Kreise schlingen,
Aus des Schnees Einsamkeit
Steigt's wie wunderbares Singen –
O du gnadenreiche Zeit!

Joseph von Eichendorff

Aus: Signe Sellke, Hrsg., Das Flügelpferd. Gedichte für Groß und Klein. Schroedel Verlag, Hannover 1999)

• Szenisches Darstellen des Gedichts „Weihnachten“

Jeweils drei Kinder stellen ein Haus dar. Zwei Kinder stehen sich gegenüber und fassen sich an den Händen, die sie hoch strecken. So bilden sie gemeinsam ein Dach. Ein drittes Kind steht oder sitzt in diesem Haus und hält eine brennende Kerze in der Hand.

Die Sternenkinder sind mit weißen oder goldenen Tüchern bekleidet. Sie tragen ein Stirnband oder einen Haarreifen mit Sternen. In der Hand halten sie ein Teelicht in einem niedrigen Glas.

Abfolge der Szenen:

Erste Strophe	Auf einer Seite im abgedunkelten Raum haben sich mehrere Kinder in Dreiergruppen als Häuser aufgestellt. Ein Kind mit einer Laterne geht langsam an den Häusern vorbei.
Zweite Strophe	Mehrere Kinder laufen zwischen den Häusern hin und her. Sie deuten auf die Häuser und rufen einander zu, worüber sie staunen.
Dritte Strophe	Die Kinder bleiben wie erstarrt stehen. Nur das Kind mit der Laterne bewegt sich von den Häusern weg und geht langsam auf die leere, dunkle Seite.
Vierte Strophe	Auf der dunklen Seite erscheinen die Sternenkinder. Sie umkreisen mit ihren Lichtern das Kind mit der Laterne. Die Sterne bleiben stehen. Das Kind mit der Laterne trägt das Gedicht „Weihnachten“ vor. Zum Schluss singen alle Kinder gemeinsam das Weihnachtslied „O du fröhliche“.

- **Zeichnen eines Comics zum Gedicht „Weihnachten“**

Zu jeder Strophe malen die Kinder ein Bild und schreiben Denk- oder Sprechblasen dazu. Aus den vier gezeichneten Szenen wird ein kleines Buch oder ein Leporello hergestellt.

- **Kreatives Weiterschreiben des Gedichtes „Weihnachten“**

Die Kinder erhalten nur die erste Strophe des Gedichtes und sollen ausgehend vom Inhalt der Strophe die Geschichte weiterschreiben. Dabei können folgende Impulse gegeben werden:

- Das Kind begegnet sicher anderen Menschen auf der Straße.
- Bestimmt kannst du noch genauer beschreiben, was das Kind sehen könnte.
- Stell dir vor, wonach sich das Kind am meisten sehnt.
- Überlege, wohin das Kind am Weihnachtsabend geht und wen es vielleicht besucht.

Erst nachdem die Kinder ihre Geschichten geschrieben haben, werden die restlichen Strophen vorgestellt. Die Kinder vergleichen ihre Texte mit dem Gedicht.

Verkündigung

Die Schafe
hatten sich aneinander gedrückt,
ganz dicht.
Es war im Winter, weißt du.
Nacht war's und kalt.
Die Hirten saßen ums Feuer,
steif und gebückt.

Da kam ein Engel,
in der schwarzen Nacht stand er hell,
groß war er, schön.
Der hob den Arm: „Fasset Mut!
Seht ihr den Stern
und darunter den Stall?
Dorthin müsst ihr gehn!
Von nun an ist alles gut."

Josef Guggenmos

(Aus: Signe Sellke, Hrsg., Das Flügelpferd. Gedichte für Groß und Klein. Schroedel Verlag, Hannover 1999)

• Szenisches Gestalten des Gedichts „Verkündigung"

Vorbereitung:
Nach dem Lesen des Gedichts überlegen die Kinder, wie sich die Hirten am Feuer zunächst gefühlt haben könnten. Folgende Impulse können hilfreich sein:

- Die Arbeit der Hirten war schwer.
- Bestimmt hatten die Hirten allein in der Nacht manchmal auch Angst.
- Hirten waren damals keine angesehenen Leute.

Ausgehend von diesen Überlegungen schreiben die Kinder in kleinen Gruppen Gespräche auf, die die Hirten am Lagerfeuer geführt haben könnten. Anschließend überlegen sie gemeinsam, wie sich die Hirten wohl nach der Verkündigung des Engels fühlten und welche Pläne sie schmiedeten, als sie wieder allein waren. In Gruppen schreiben sie den Dialog der Hirten auf.

Durchführung:
Der Raum ist etwas abgedunkelt. Auf der einen Seite sitzen die Hirten dicht gedrängt um ein Lagerfeuer herum. Das Lagerfeuer besteht aus mehreren Taschenlampen, die zwischen Holzscheiten hervorleuchten.
Auf der anderen Seite ist ein großer Stern über einem Stall zu sehen. Stern und Stall können entweder großflächig als Kulissenbild gemalt oder mit einfachen Requisiten angedeutet werden. Im Stall befinden sich Maria, Josef und eine Futterkrippe mit dem Jesuskind.
Ein Sprecher trägt die erste Strophe des Gedichts vor.
Auf Orff-Instrumenten (Klanghölzer, Trommel, Xylophon) wird eine traurige Melodie improvisiert.
Die Hirten sprechen den Dialog, den sie vorher aufgeschrieben haben.
Ein Lichtkegel erscheint (von einem Tageslichtprojektor erzeugt). Ein weiß gekleidetes Kind betritt als Engel die Szene.
Eine feierliche Improvisation mit hell klingenden Orff-Instrumenten (Glockenspiel, Metallophon) begleitet den Auftritt.
Ein Sprecher trägt die zweite Strophe bis „Der hob den Arm“ vor.
Der Engel spricht den restlichen Teil der zweiten Strophe.
Er verlässt die Szene langsam, während erneut die Improvisation auf den Orff-Instrumenten erklingt. Der Lichtkegel begleitet den Engel.
Die Hirten sprechen jetzt den zweiten Dialog, den sie sich vorher überlegt haben.
Sie stehen auf, zünden Kerzen an und gehen auf den Stern und den Stall zu.
Gemeinsam wird ein Hirtenlied (z. B.: „Komm, wir gehen nach Bethlehem“) gesungen. Der Lichtkegel (Tageslichtprojektor) wird dabei langsam auf den Stall gerichtet. Nach dem Singen des Liedes knien die Hirten vor dem Jesuskind nieder.
Alle singen ein bekanntes Weihnachtslied (z. B.: „Zu Bethlehem geboren“).

- **Tanz zum Lied „Wisst ihr, was die Frösche am Weihnachtsabend machen?“ (s. S. 75)**

Die Kinder stehen verkleidet als Frösche, Katzen, Elefanten, Fische und Ferkel im Kreis. Zusätzlich zur Tierverkleidung können die Kinder eine Mütze oder einen Schal tragen. Die Kinder gehen singend bis zum Ende der Frage gegen den Uhrzeigersinn im Kreis. Während sie die Antwort singen, wechseln sie die Richtung. Zum Singen der Tierlaute gehen die Kinder in die Hocke, während sich die besungene Tiergruppe in der Kreismitte bewegt.

Wisst ihr, was die Frösche am Weihnachtsabend machen?

Text und Melodie: Volker Rosin

2. Wisst ihr, was die Katzen
Am Weihnachtsabend machen?
Sie sehen weiße Flocken
Und wolln am Ofen hocken.
(miau, miau, miau …)

3. Und die Elefanten,
Die feiern bei den Tanten.
Sie essen aus der Schüssel,
Trompeten mit dem Rüssel:
(täterätätä …)

4. Wisst ihr, was die Fische
Am Weihnachtsabend machen?
Sie schwimmen auf und nieder
Und blubbern Weihnachtslieder:
(blub, blub, blub …)

5. Wisst ihr, was die Ferkel
Am Weihnachtsabend machen?
Sie wälzen sich im Mist!
Ob das wohl lustig ist?
(Oink, oink, oink …
grunz, grunz, grunz)

(Aus: Klaus Patho und Reinhard Schuhmann, Musik 3/4. Musik in der Grundschule. 3. und 4. Jahrgangsstufe. Wolf Verlag, Regensburg 1984)

- **Lichtertanz zum Lied „Steht ein Stern in tiefer Nacht“**

Vorbereitung:

Jedes Kind stellt ein Teelicht in ein niedriges Trinkglas. Das Licht wird durch eine Papprolle abgedunkelt, die um das Glas herumgestellt wird. Um später während des Tanzes das Licht wieder sichtbar zu machen, streifen die Kinder die Papprolle über den Arm.

Die Tänzer tragen Sternengirlanden auf dem Kopf. Zusätzlich können aus alten weißen Gardinen einfache Umhänge gemacht werden.

Die Tanzfläche ist abgedunkelt. Nur das Kind in der Mitte (X) hält sein Licht mit beiden Händen in die Höhe. Die anderen Kinder gehen auf die Knie. Sie haben ihr Licht vor dem Körper abgestellt und mit der Papprolle abgedunkelt.

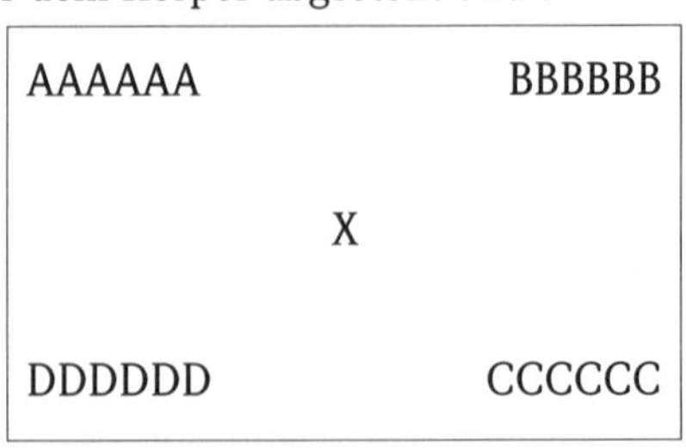

Liedtext	Schritte
Steht ein Stern in tiefer Nacht (Teil 1),	Kind X hält sein Licht nach oben.
hat uns klingende Kunde gebracht (Teil 2):	Kind X bewegt sich auf die Gruppe A (A steht auf) zu und bildet mit den Kindern der Gruppe A eine Schlange, die in Richtung der Gruppe B sieht.
Weihnacht will werden, Weihnacht will werden (Teil 3),	Die Kinder der Gruppe A streifen die Papprollen über den Arm und heben ihr Licht zweimal in die Höhe.
Dunkel der Erde erfüllt sich mit Licht (Teil 4).	Die Gruppe A bewegt sich mit Kind X an der Spitze auf die Gruppe B zu. Dabei wird das Licht in der Schlange versetzt nach links und rechts geschwenkt (während das erste Kind sein Licht nach rechts hält, schwenkt das zweite Kind sein Licht nach links usw.).
Wiederholung von Teil 1 und 2	Kind X und die Kinder der Gruppe A halten ihr Licht in die Höhe.
Wiederholung von Teil 3	Die Kinder (B, X, A) heben zweimal ihr Licht in die Höhe.
Wiederholung von Teil 4	Die Kinder (B, X, A) bewegen sich auf die Gruppe C zu. Die Kinder der Gruppe B bilden die Spitze. Die Lichter werden abwechselnd nach links und rechts bewegt.
Wiederholung von Teil 1 und 2	Die Kinder (B, X, A) halten ihr Licht hoch.
Wiederholung von Teil 3	Die Kinder (C, B, X, A) heben ihr Licht zweimal hoch.
Wiederholung von Teil 4	Die Kinder (C, B, X, A) bewegen sich auf die Gruppe D zu. Die Kinder der Gruppe C bilden die Spitze. Die Lichter werden abwechselnd nach links und rechts bewegt.
Wiederholung von Teil 1 und 2	Die Kinder (C, B, X, A) halten ihr Licht hoch.
Wiederholung von Teil 3	Alle Kinder heben ihr Licht zweimal hoch.
Wiederholung von Teil 4	Der Kreis wird geschlossen. Die Lichter werden abwechselnd nach rechts und links bewegt.
Wiederholung von Teil 1 und 2	Alle Kinder gehen mit erhobenen Lichtern im Kreis.
Wiederholung von Teil 3	Die Kinder bleiben stehen und heben zweimal ihr Licht hoch.
Wiederholung von Teil 4	Die Kinder bewegen sich mit ihrem Licht auf die Kreismitte zu.

Eine große Freud verkünd ich euch

Text und Melodie aus Mähren

2. Geboren ist zu Bethlehem, dumdei, dumdei, dumdeida,
   des freuet sich Jerusalem, dumdei, dumdei, dumdeida.
   Kommt mit mir …
3. Die ganze Welt ist freudenvoll, dumdei …,
   drum heute niemand trauern soll, dumdei …,
   Kommt mit mir …
4. Ach Joseph, bring a Büscherl Heu, dumdei …,
   dass ich dem Kind a Betterl streu, dumdei …,

Bei * wird leise geklatscht.

(Aus: Rudolf Kirmeyer, Wir kleinen Sänger. Liederbuch für Volksschulen. Unterstufe. Bayerischer Schulbuch-Verlag, München 1969)

- **Tanz zum Lied „Eine große Freud verkünd ich euch"**

Vorbereitung:
Die Kinder stehen im Kreis. Nach Möglichkeit sind sie als Hirten verkleidet. In der Kreismitte stehen zwei Kinder, die Maria und Josef darstellen. Vor Maria und Josef steht eine Futterkrippe oder ein Strohballen mit dem Jesuskind.

Liedtext	Schritte
Eine große Freud verkünd ich euch (Teil 1),	Die Kinder fassen sich an den Händen und gehen gegen den Uhrzeigersinn im Kreis.
tra-la-la-la-la-la-la (Teil 2),	Die Kinder lassen sich los und drehen sich einmal im Kreis.
viel Gnade von dem Himmelreich (Teil 3),	Die Kinder fassen sich an den Händen und gehen jetzt im Uhrzeigersinn im Kreis.
tra-la-la-la-la-la-la (Wiederholung von Teil 2),	Die Kinder lassen sich los und drehen sich einmal im Kreis.
Kommt mit mir (Teil 4),	Die Kinder gehen einen Schritt nach innen.
eilt mit mir (Teil 5),	Die Kinder gehen einen Schritt nach außen.
kommt mit mir nach Bethlehem (Teil 6)!	Die Kinder gehen gegen den Uhrzeigersinn im Kreis.
Wiederholung von Teil 4 bis 6	Wiederholung der Schritte
Strophe 2 bis 4	Wiederholung der Schritte von Strophe 1

Ein heller Stern hat in der Nacht

Text: Rolf Krenzer
Musik: Detlev Jöcker

2. Die Engel haben auf dem Feld
den Hirten es zuerst erzählt.
Gloria! Gloria! Halleluja.

3. Die Hirten ließen alles stehn,
um zu dem Kind im Stall zu gehen.
Gloria! Gloria! Halleluja.

4. Maria wusste es lange schon:
Das Kind im Stroh ist Gottes Sohn.
Gloria! Gloria! Halleluja.

5. Und Josef auch, der Zimmermann,
nimmt dieses Kind mit Liebe an.
Gloria! Gloria! Halleluja.

6. Der helle Stern hat in der Nacht
die Könige zum Stall gebracht.
Gloria! Gloria! Halleluja.

7. So wissen alle nun davon:
Gott schenkt uns seinen eignen Sohn.
Gloria! Gloria! Halleluja.

8. Drum freut euch all, ihr lieben Leut'!
Dankt Gott und feiert Weihnacht heut'.
Gloria! Gloria! Halleluja.

(Aus: MC und Liedheft „Heute leuchten alle Sterne“

(Aus: Sei gegrüßt, lieber Nikolaus. Menschenkinder Verlag u. Vertrieb GmbH, Münster)

- **Kreisspiel zum Lied „Ein heller Stern hat in der Nacht"**

Vorbereitung:
Ein Teil der Kinder verkleidet sich als Stern, Engel, Hirten, Maria mit dem Jesuskind, Josef und die Weisen aus dem Morgenland. Die Kinder der anderen Gruppe tragen Teelichter in niedrigen Gläsern oder Kerzen mit einem Untersetzer in der Hand. Alle Kinder stehen im Kreis, wobei sich die Lichtkinder mit den Kindern, die die Weihnachtsgeschichte darstellen, abwechseln.

Ablauf:
Strophe 1:
Der Stern geht in die Kreismitte. Die anderen Kinder gehen gegen den Uhrzeigersinn im Kreis.
Beim Refrain bleiben alle Kinder stehen. Die verkleideten Kinder im Kreis klatschen. Die Lichtkinder gehen zwei Schritte nach innen (Gloria! Gloria!), drehen sich mit ihrem Licht einmal um sich selbst (Halleluja), gehen wieder zwei Schritte nach außen (Gloria! Gloria!) und drehen sich noch einmal (Halleluja). Diese Bewegungen werden bei der Wiederholung des Refrains wiederholt.
Strophe 2 bis 6:
In jeder Strophe gehen die genannten Personen in die Kreismitte, während die restlichen Kinder im Kreis gehen. Auf diese Weise entsteht allmählich die Krippenszene in der Kreismitte. Am Ende der Strophe 6 bilden nur noch die Lichtkinder um die Krippenszene einen Kreis. Sie stehen inzwischen in einem entsprechend großen Abstand voneinander.
Strophe 7 und 8:
Die Lichtkinder verteilen sich unter das Publikum. Beim Refrain drehen sich die Lichtkinder bei „Halleluja" einmal um sich selbst.

Kleine Theaterstücke

Krippenspiel (in drei Szenen)

Spieler:

Wolf, Hirtenhund, Schaf, Ziege, Esel, Kuh, Rabe, Adler, Sperling (jede Tierrolle wird mehrfach besetzt, sodass unsichere Kinder die Tiere nur darstellen und andere Kinder die Sprechrollen der Tiere übernehmen), einige Hirten, Engel, Maria und Josef, Instrumentengruppe

Requisiten:

Lagerfeuer, bestehend aus Holzscheiten und einigen Taschenlampen; Strohballen oder Futterkrippe mit Jesuskind, einige große Bäume aus Pappe oder Styropor, einige Felsen aus Pappe oder Styropor (dahinter stehen verdeckt Hocker, auf denen die Spieler stehen können), Tageslichtprojektor

Bühnenbild:

Wald
Stall mit Stern

Orff-Instrumente:

Glockenspiel, Metallophon, Xylophon, Klanghölzer, Handtrommeln, Rasseln

Szene 1 (im Wald)

Die Hirten sitzen um das Lagerfeuer herum. Daneben stehen Kühe, Ziegen, Schafe, Esel, Sperlinge und Hirtenhunde dicht zusammen. Die Felsen liegen verteilt am Rande des Spielfeldes. Auf den Felsen stehen Adler und Rabe. Versteckt hinter einem weiter entfernten Baum liegt ein Wolf.

Hirte 1:	Was für eine dunkle Nacht!
Hirte 2:	Mir fallen gleich die Augen zu.
Hirte 3:	Hoffentlich lässt sich der Wolf heute Nacht nicht blicken.

Improvisation auf dem Glockenspiel oder Metallophon

Heller Lichtkegel vom Tageslichtprojektor

Lied **„Vom Himmel hoch, da komm ich her“**

Tiere und Hirten rücken noch ängstlicher zusammen. Hirten deuten auf das Licht. Einige halten vor Angst die Hände vor das Gesicht.

Die Engel betreten langsam die Bühne und bleiben beim Lagerfeuer stehen. Der Lichtkegel wandert mit.

Engel 1: Fürchtet euch nicht. Wir verkünden euch eine frohe Botschaft. Jesus, der Retter der Welt, ist heute Nacht geboren. Er wird allen den Frieden bringen.

Engel 2: Kommt schnell und seht das Kind. Es ist ganz in der Nähe in einem Stall. Dort liegt es in einer Futterkrippe.

Alle Engel gemeinsam: Freut euch alle. Halleluja. Friede allen, die guten Willens sind.

Lied **„In dulci jubilo“**

Die Engel gehen langsam von der Bühne, begleitet von der Orff-Improvisation auf dem Glockenspiel und Metallophon. Der Lichtkegel wandert mit ihnen mit.

Hirte 1: Was war das? Habe ich gerade geträumt? Ich sah Engel.

Hirte 2: Aber ich habe die Engel auch gesehen.

Hirte 3: Ich auch. Sie haben die Geburt des Retters verkündet.

Hirte 1: Wir wollen hingehen und nachsehen.

Hirte 2: Ob ausgerechnet wir den Retter der Welt finden? Das wäre ja zu schön. Einer, der uns endlich den Frieden bringt.

Hirte 3: Lasst uns endlich aufbrechen. Unsere Hunde werden die Herde schon bewachen. So eine Nacht gibt es nur einmal in unserem Leben.

Die Hirten erheben sich vom Lagerfeuer.

Lied **„Komm wir gehen nach Bethlehem“**

Die Hirten verlassen die Bühne. Dazu erklingt eine Improvisation auf Handtrommeln, Klangstäben, Rasseln und Xylophon.

Szene 2 (im Wald)

Schafe, Kühe, Ziegen, Esel, Sperlinge und Hunde versammeln sich um das Lagerfeuer.

Schaf:	Habt ihr das eben gehört?
Ziege:	Die Hirten hatten es aber sehr eilig.
Kuh:	Mir ist auf einmal ganz merkwürdig zumute.
Hund:	Heute Nacht ist alles anders. Ich verstehe das nicht. Aber still! Schleicht sich da nicht der alte Wolf an?

Der Wolf nähert sich langsam dem Lagerfeuer.

Wolf:	Keine Angst! Ich tu euch nichts. Ich habe auch die Engel gesehen und ihre Botschaft gehört. Frieden – ein wunderbares Wort. Könnten wir nicht wenigstens heute Nacht in Frieden miteinander leben?
Esel:	Können wir dir wirklich trauen?
Kuh:	Tust du uns bestimmt nichts?
Schaf:	Du Wolf, alter Räuber, willst unser Freund sein?
Hund:	Schluss, Tiere! Komm näher, Wolf. Ich traue dir. Sei uns willkommen.
Sperling:	*(flattert um das Lagerfeuer):* Ich bin ganz aufgeregt. So etwas habe ich noch nie gesehen. Und dabei komme ich wirklich weit herum.
Rabe:	Heute ist die Nacht des großen Friedens.
Adler:	Auch ich könnte in dieser Nacht keinem Sperling etwas zuleide tun.

Wolf, Adler und Raben kommen zum Lagerfeuer.

Wolf:	Zu gern möchte ich den Retter der Welt sehen, der allen den Frieden bringt.

Die anderen Tiere stimmen zu.

Hund:	Dann lasst uns doch zusammen aufbrechen. Auch wir haben die Botschaft der Engel verstanden. Seitdem sind wir wie verwandelt. Jeder von uns kann das Wunder des Friedens spüren.

Die Tiere brechen auf, begleitet von der Improvisation auf Klangstäben, Handtrommeln, Rasseln und Xylophon.

Szene 3 (im Stall)

Ein Lichtkegel wird auf den Krippenstall mit Maria und Josef gerichtet. Die Hirten betreten erneut die Bühne und versammeln sich um die Krippe.

Maria:	Schau nur, Josef. Da kommen Hirten.
Josef:	Tretet ein.

Die Hirten treten der Reihe nach vor die Futterkrippe mit dem Jesuskind und verbeugen sich tief.

Hirte 1:	Alles ist so, wie es die Engel gesagt haben.
Hirte 2:	Sei mir gegrüßt, du liebes Kind.
Hirte 3:	Wir wollen Gott danken. Er hat uns armen Menschen zuerst die frohe Nachricht durch die Engel verkündet.

Die Tiere betreten die Bühne und nähern sich langsam der Krippe.

Maria:	Doch was ist das? Schau nur, Josef. Heute Nacht kommen noch andere Gäste.
Josef:	Das ist wirklich ein Wunder. Wolf und Hund, Sperling und Adler – alle Tiere sind friedlich vereint.

Die Hirten treten etwas zurück und lassen die Tiere zur Krippe. Die Tiere betrachten nacheinander das Jesuskind in der Krippe, verneigen sich tief und legen sich dann um die Futterkrippe herum.

Maria:	Die Tiere wärmen das Jesuskind in dieser kalten Nacht.
Josef:	Jetzt sind alle friedlich vereint – Menschen und Tiere. Gepriesen sei Gott!

Lied **„Stille Nacht“** (oder „O du fröhliche“)

Anna Merzinger

Streik der Rentiere (in drei Szenen)

Spieler:
Weihnachtsmann, acht Rentiere, Tiere des Waldes: Reh, Fuchs, Hirsch, Hase, Wildschwein, Maus, Rabe (evtl. mehrfach besetzt), Eule

Requisiten:
Sack, Heuballen, Futterkrippe (im Heu sind einige Glocken, ein Schal und eine Decke versteckt), Sessel, Tisch, großer Schlitten, Geschenke, Tablett mit Päckchen (Buch), Tasse, Kanne und Teller mit Lebkuchen (ist zunächst hinter einem Strohballen versteckt)

Bühnenbild:
Schuppen mit Tür zum Öffnen

Szene 1

Die Eule sitzt ruhig in einer Ecke. Die Rentiere stehen angespannt vor dem Schlitten. Der Weihnachsmann hebt gerade die letzten, schweren Geschenke auf den Schlitten.

Weihnachtsmann: So, das wäre auch geschafft. Gleich kann es losgehen.

Der Weihnachtsmann setzt sich auf den Schlitten.

Weihnachtsmann: Hü, meine lieben Rentiere. Wir wollen aufbrechen. Es ist höchste Zeit. Die Kinder auf der ganzen Welt warten schon ungeduldig auf uns.

Die Rentiere setzen sich nacheinander hin. Dabei sprechen sie:

Rentier 1: Ohne mich.
Rentier 2: Ich gehe keinen Millimeter.
Rentier 3: Jedes Jahr diese Schufterei.
Rentier 4: Genau. Warum sollen wir ausgerechnet an Weihnachten so schwer arbeiten?
Rentier 5: Ich bin doch nicht verrückt.
Rentier 6: Das kann der Weihnachtsmann dieses Jahr allein machen.

Rentier 7: Der Schlitten ist viel zu schwer. Jedes Jahr werden es mehr Geschenke.

Rentier 8: Wenn ihr nicht geht, bleibe ich auch da.

Weihnachtsmann: Das könnt ihr doch nicht machen.

Alle Rentiere: Und ob! Wir streiken!

Weihnachtsmann: Denkt doch an die Kinder. Die werden furchtbar enttäuscht sein. Weihnachten ohne Geschenke.

Rentier 1: Früher war der Schlitten viel leichter.

Rentier 2: Die Kinder hatten eben nicht so viele Wünsche.

Rentier 3: Wer fährt denn heute noch mit einem altmodischen Schlitten?

Rentier 4: Der Weihnachtsmann könnte sich wenigstens einen Motorschlitten leisten.

Rentier 5: Oder die Geschenke mit einem Flugzeug transportieren.

Rentier 6: Bei der Kälte gehe ich keinen Schritt vor die Tür.

Rentier 7: Genau. Ich hol mir doch nicht wieder einen Schnupfen, so wie im letzten Jahr.

Rentier 8: Ich möchte auch mal in aller Ruhe Weihnachten feiern können.

Weihnachtsmann: Aber die Kinder erwarten uns doch. Nicht im Flugzeug und nicht im Motorschlitten. Auch heutzutage stellen sich die Kinder den Weihnachtsmann noch mit dem Rentierschlitten vor. Ihr könnt mich doch nicht im Stich lassen.

Der Weihnachtsmann sieht ungeduldig auf die Uhr.

Alle Rentiere: Doch! Wir streiken! Wir streiken! Wir streiken!

Weihnachtsmann (enttäuscht):
Na, wenn wir tatsächlich nicht wollt, dann muss ich eben ohne euch los. – Damit wenigstens einige Kinder ihre Geschenke noch rechtzeitig bekommen. Mit welchem Land fange ich bloß an?

Der Weihnachtsmann zieht einen Zettel aus seiner Manteltasche. Er liest und schüttelt immer wieder den Kopf. Dann nimmt er einige Geschenke vom Schlitten, steckt sie in einen Sack und verlässt damit die Bühne.

Szene 2

Die Eule nähert sich den Rentieren.

Eule: Da geht er nun, der arme Weihnachtsmann. Viele Kinder werden an Weihnachten ziemlich traurig sein, wenn unter dem Weihnachtsbaum keine Geschenke liegen.

Alle Rentiere (sprechen durcheinander): Und wir? An uns denkt wieder mal keiner. Typisch! Wir wollen auch mal unsere Ruhe.

Nacheinander klopfen die Tiere des Waldes an die Tür. Jedes Tier tritt ein, nimmt sich nach dem Sprechen seines Verses ein Paket vom Schlitten und verlässt die Bühne wieder.

Hirsch: Ich trage die schweren Lasten gern
und bringe den Kindern Geschenke nah und fern.

Reh: Im Wald verstecke ich mich scheu.
Dem Weihnachtsmann helf ich treu.

Wildschwein: Ich lade mir viele Pakete auf.
Zu den Kindern ich gerne lauf.

Fuchs: Ich bin schlau. Das ist bekannt.
Ich finde jedes Kind im Land.

Hase: Meister Lampe werde ich genannt.
Mit einem Paket bin ich schnell zu einem braven Kind gerannt.

Rabe: Ich fliege geschwind
mit einem Paket zu einem lieben Kind.

Maus: Ich bin zwar klein.
Doch dem Weihnachtsmann will ich gern ein Helfer sein.

Eule: Schaut nur, wie fleißig die Tiere des Waldes dem Weihnachtsmann helfen. Es besteht also noch Hoffnung. Wenigstens einige Kinder bekommen ihre Geschenke rechtzeitig.

Die Rentiere schauen sich betroffen an. Sie stehen nacheinander auf und sprechen dabei.

Rentier 1:	Ja, wenn alle zusammen helfen ...
Rentier 2:	Dann sollten wir eigentlich auch helfen.
Rentier 3:	Unser Schlitten ist jetzt schon ein wenig leichter.
Rentier 4:	Ich lass den Weihnachtsmann nicht im Stich.
Rentier 5:	Wenn wir jetzt loslaufen, holen wir den Weihnachtsmann schnell ein.
Rentier 6:	Ich möchte die Kinder nicht enttäuschen.
Rentier 7:	Weihnachten soll doch für alle Kinder ein fröhliches Fest sein.
Rentier 8:	Worauf warten wir noch? Machen wir uns endlich auf den Weg!
Eule:	Ich wusste, dass ihr den Weihnachtsmann nicht im Stich lasst. Gute Reise!

Die Eule winkt den Rentieren nach, die mit dem Schlitten die Bühne verlassen.

Szene 3

Zuerst betritt der Weihnachtsmann mit dem leeren Sack die Bühne. Ihm folgen die Rentiere mit dem leeren Schlitten und die Tiere des Waldes. Die Eule kommt ihnen mit einem Tablett entgegen.

Eule:	Euch allen frohe Weihnachten!
Alle:	Frohe Weihnachten, Eule!
Eule:	Ich habe für euch in der Zwischenzeit ein gutes Mahl vorbereitet. Ruht euch aus und lasst es euch schmecken.
Alle:	Danke, liebe Eule!

Die Tiere gehen zur Futterkrippe und zu den Heuballen. Der Weihnachtsmann setzt sich und zieht seine Stiefel aus. Die Eule stellt das Tablett auf den Tisch, gießt dem Weihnachtsmann Tee ein und reicht ihm den Teller mit Lebkuchen.

Tiere (rufen durcheinander):
Was ist denn das? Ich habe wunderschöne Glocken gefunden. Schaut nur, der schöne Schal. Die warme Decke kommt gerade zur rechten Zeit.

Die Tiere ziehen aus dem Heu der Futterkrippe nacheinander Geschenke.

Tiere: Was für ein schönes Weihnachtsfest!

Eule (deutet auf das Päckchen, das auf dem Tablett liegt):
Na, lieber Weihnachtsmann, bist du denn überhaupt nicht neugierig?

Der Weihnachtsmann öffnet das Päckchen und liest leise den Titel des Buches. Die Tiere kommen näher und bilden einen Kreis um den Weihnachtsmann.

Weihnachtsmann (liest laut vor):
Wie man einen Motorflugschlitten baut.

Rentiere: Na, vielleicht wird alles im nächsten Jahr etwas leichter für uns.

Weihnachtsmann: Mal sehen, ob mir das gelingt. Aber eines steht schon heute fest: Ohne eure Mithilfe und Unterstützung wäre es nicht so ein schönes Weihnachtsfest für alle geworden.
Deshalb danke ich euch herzlich und wünsche euch recht erholsame Weihnachtstage.

Tiere (gemeinsam):
Frohes Weihnachtsfest!

Gemeinsames Singen eines Weihnachtsliedes

Anna Merzinger

Das Geheimnis der Lebkuchenkinder (in drei Szenen)

Spieler:
Bäcker, seine Frau, Lebkuchenkinder (braun gekleidet), arme Kinder, Eltern der armen Kinder, Tiere des Waldes: Reh, Hase, Wildschwein, Maus, Hirsch, Rabe

Requisiten:
Tische, Stühle, Schüssel mit Teig, Kuchenblech mit Plätzchen, Blech mit alten Semmeln, Tasche (für die armen Kinder), große Bäume aus Pappe oder Styropor, Weihnachtsbaum ohne Schmuck, kleine Kiste oder Truhe mit zwei Kerzen und einem Stern für den Christbaum, Zündhölzer

Bühnenbilder:
Bäckerei mit Tür, die sich öffnen lässt
Wald
Haus der armen Familie

Orff-Instrumente:
Klangstäbe, Xylophon

Szene 1 (in der Bäckerei)

Der Bäcker knetet den Teig. Seine Frau stellt gerade ein Kuchenblech mit Plätzchen hin. Die Lebkuchenkinder liegen auf den Tischen.

Bäcker: Jedes Jahr vor Weihnachten muss ich mich so plagen. Nichts als Arbeit!

Frau des Bäckers: Ja, ja. Aber dieses Jahr sind dir die Lebkuchenkinder besonders gut gelungen. Bestimmt können wir sie teuer verkaufen. Der Bürgermeister will auf jeden Fall ein oder zwei Lebkuchenkinder für sein Töchterchen haben. Na, und der Fabrikant Müller fragt garantiert nach unseren großen Lebkuchenkindern. Also, meckre nicht herum. Deine Mühe lohnt sich gewiss.

Die armen Kinder betreten zögernd den Laden. Sie bleiben staunend vor den Lebkuchenkindern stehen und deuten auf sie.

Kinder (durcheinander):
Oh, sind die schön! Was die wohl kosten? So einen hätt' ich auch gern!

Die Frau des Bäckers kommt rasch auf die Kinder zu und hebt mahnend den Finger.

Frau des Bäckers: Finger weg! Das mir ja keiner von euch etwas anfasst. Die Lebkuchenkinder sind sowieso viel zu teuer für euch. Was wollt ihr überhaupt schon wieder hier?

Kinder (nacheinander): Äh, also ...
Wir wollten ...
Unsere Mutter lässt fragen ...
Ob ihr nicht ein paar alte Semmeln und Brot von gestern oder vorgestern habt?

Frau des Bäckers (schnauft mürrisch):
Immer die gleiche Bettelei.

Bäcker: Nun gib ihnen schon die alten Semmeln. Wir können das Zeug doch sowieso nicht mehr verkaufen.

Die Frau des Bäckers legt die Semmeln in eine Tasche, die ihr eines der Kinder entgegenhält.

Kinder: Danke! Vielen Dank! Auf Wiedersehen!

Die Kinder verlassen den Laden und schauen sich beim Hinausgehen noch einmal sehnsüchtig nach den Lebkuchenkindern um.

Frau des Bäckers: Was täten die Kinder nur, wenn wir nicht immer wieder so ein gutes Herz hätten. Eigentlich können einem die Kinder ja Leid tun. Aber andererseits ...

Bäcker: Hör schon auf. Es ist bereits zehn nach sechs. Schließ den Laden zu. Lass uns nach oben in die Wohnung gehen. Endlich Feierabend!

Die Frau schließt die Ladentür zu. Dann gehen beide von der Bühne ab.

Während der Improvisation auf Klangstäben und Xylophon erwachen langsam die Lebkuchenkinder auf den Tischen. Sie bewegen sich zunächst langsam und roboterähnlich. Allmählich werden ihre Bewegungen geschmeidiger. Schließlich schauen sie sich an, berühren sich und tanzen im Laden herum.

Lebkuchenkinder: Hurra! Wir sind lebendig. Lasst uns bloß schnell verschwinden. Der geizige Bäcker soll uns nicht verkaufen.

Die Lebkuchenkinder schließen den Laden auf und laufen weg.

Der Vorhang der Bühne schließt sich.

Szene 2 (im Wald)

Die Lebkuchenkinder laufen zwischen den Bäumen hin und her. Sie spielen Fangen. Ein Hase kommt.

Hase: Mmmh, die sehen aber lecker aus! Da hol ich mir doch einen.

Lebkuchenkinder (durcheinander):
Fang uns doch! Ätsch! Du erwischst uns nie.

Der Hase versucht vergeblich eines der Lebkuchenkinder zu fangen. Schließlich gibt er enttäuscht auf und geht.

Das gleiche Spiel wiederholt sich beim Auftritt der anderen Waldtiere (Reh, Wildschwein, Hirsch, Fuchs, Maus).

Danach setzen sich die Lebkuchenkinder müde in den Halbkreis.

Lebkuchenkinder (durcheinander):
Das macht ganz schön müde.
Ich muss ständig an die armen Kinder im Laden denken.
Ich auch.
Ich würde ihnen so gern eine Freude machen.
Bestimmt bekommen die Kinder kaum Geschenke zu Weihnachten.

Der Rabe flattert auf die Bühne zu den Lebkuchenkindern.

Rabe: Wenn ihr den armen Kindern wirklich eine Freude machen wollt...

Lebkuchenkinder (gemeinsam): Ja, das wollen wir.

Rabe: Dann zeige ich euch den Weg zum Haus der armen Familie.

Die Lebkuchenkinder klatschen vor Freude in die Hände. Sie stehen auf und folgen dem Raben, der sie durch den Wald führt und mit ihnen die Bühne verlässt.

Szene 3 (im Haus der armen Familie)

Im Zimmer stehen ein großer Tisch mit Stühlen sowie eine kleine Kiste. Der Christbaum ist ohne Schmuck.
Die Lebkuchenkinder öffnen leise die Tür und schleichen herein.

Lebkuchenkinder (flüsternd): Sch, sch! Leise, dass wir niemanden aufwecken. Wir wollen die Kinder doch überraschen.

Die Lebkuchenkinder legen sich unter den Baum und erstarren wieder.

Mutter und Vater betreten das Zimmer. Sie lassen den Kopf hängen und setzen sich, ohne auf den Weihnachtsbaum zu achten, mit dem Rücken zum Baum an den Tisch.

Mutter (seufzend): Womit sollen wir den Kindern zu Weihnachten bloß eine kleine Freude machen? In der ganzen Stadt sind wir herumgelaufen. Die Leute hatten es alle so eilig. Keiner hat auf uns geachtet. Niemand hat uns etwas für unsere Kinder gegeben.

Vater: Sei nicht traurig. Die Leute sind halt so sehr beschäftigt. Jeder will schließlich alles vorbereiten für das frohe Fest. Nur für uns wird es mal wieder ein trauriges Weihnachtsfest werden.

Mutter: Ich hab nicht mal genug Mehl und Eier, um den Kindern etwas zu backen.

Der Vater kramt in der Kiste. Er holt zwei Kerzen und einen Stern heraus.

Vater: Nur gut, dass ich noch zwei Kerzen und den Stern habe.

Mutter: Schmück nur den Baum damit.

Er geht damit zum Baum, hängt den Stern auf und steckt die Kerzen fest. Dann zündet er die Kerzen an. Erst jetzt entdeckt er die Lebkuchenkinder.

Vater (erstaunt): Ja, was ist denn das? Frau, komm schnell. Das musst du dir ansehen.

Die Mutter steht auf und geht zum Baum. Sie deutet staunend auf die Lebkuchenkinder.

Mutter: Schau nur, wie schön sie sind! Und sie riechen so gut. Wer hat uns die wohl gebracht?

Vater: Irgendjemand hat es gut mit uns gemeint. Siehst du, Frau, wir dürfen die Hoffnung nie aufgeben. Wenn das die Kinder sehen.

Die Eltern rufen nach ihren Kindern. Die Kinder betreten den Raum und laufen auf den Weihnachtsbaum zu. Sie zeigen auf die Lebkuchenkinder und tanzen um den Baum.

Kinder: Die sehen ja aus wie beim Bäcker. Oh, sind die schön! Dieses Jahr hat das Christkind uns aber eine große Freude gemacht.

Die Kinder fallen den Eltern um den Hals. Alle wünschen sich frohe Weihnachten und singen zum Schluss gemeinsam ein Weihnachtslied.

Anna Merzinger

Stegreifspiele mit einfachen Figuren

Die Kinder entwickeln in Kleingruppen mit den Figuren Ideen zu einem Handlungsablauf. Alternativ dazu gibt die Lehrerin kurze Geschichtenanfänge vor, die die Kinder zu Theaterstücken ausgestalten. Die so entstandenen Spielideen eignen sich besonders gut für Theaterdarbietungen im Klassenzimmer anlässlich einer Advents- oder Weihnachtsfeier.

Eine einfache Puppenbühne kann so aussehen:

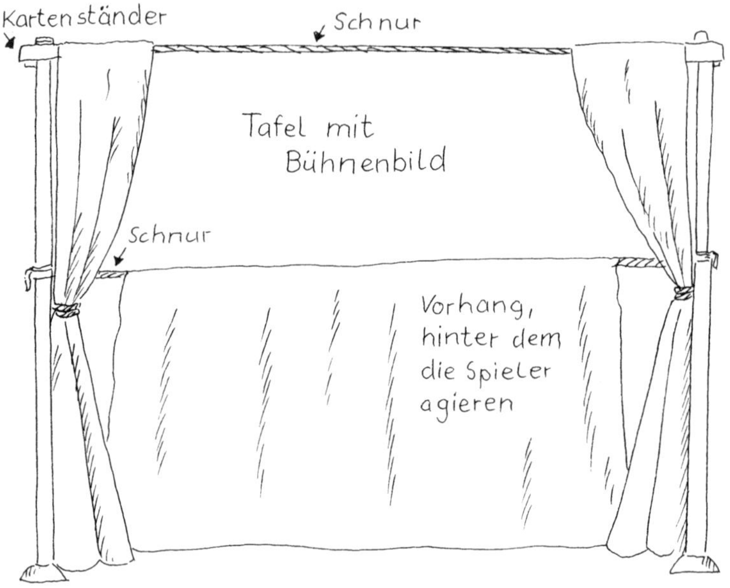

Einfache Spielfiguren lassen sich schnell aus Tüchern oder Kochlöffeln herstellen.

Kochlöffelfiguren

Die Kinder malen Gesichter auf die Holzkochlöffel. Zum Kleben verwenden sie Weißleim. Mit Wollresten gestalten sie die Haare. Tierohren oder Hörner werden aus Filz ausgeschnitten und mit einem dünnen Draht verstärkt. Abschließend binden die Kinder Tücher in passenden Farben um die Kochlöffel.

Hirte Wachhund Elch

Tücherfiguren

Zunächst basteln die Kinder den Kopf der Figur. Dazu legen sie in die Mitte eines rechteckigen Stück Leintuches etwas Watte, die sie anschließend mit einer Schnur abbinden. Dabei wird die Schnur nur so fest zusammengezogen, dass der Zeigefinger der Spielhand noch in den Wattekopf vordringen kann. Danach zeichnen die Kinder das Gesicht auf und kleben Haare oder Tierohren an. Eventuell erhalten die Figuren eine Kopfbedeckung. Schließlich bekommt jede Figur ein passendes Kleid. Hierfür nähen die Kinder ein Stück Stoff zu einer einfachen Röhre zusammen, die sie oben mit einem Gummizug versehen.

Beispiele für Geschichtenanfänge

Der kranke Weihnachtsmann

Als der Weihnachtsmann einen Tag vor Weihnachten aufwacht, fühlt er sich sehr schlecht. Sein Hals tut weh. Die Stirn ist heiß und er muss ständig niesen. „Oje, wie soll ich da nur mit der Arbeit fertig werden?", stöhnt er …

Die verschwundenen Rentiere

Der Weihnachtsmann geht in den Stall. Es wird Zeit, die Rentiere vor den Schlitten zu spannen und die Geschenke zu den Kindern zu bringen. Als er froh gelaunt die Tür öffnet, traut er seinen Augen nicht. Die Rentiere sind verschwunden …

Micha sucht das Jesuskind

Die Hirten haben die Botschaft des Engels gehört. Eilig brechen sie auf, um das Jesuskind zu sehen. Nur der kleine Hirtenjunge Micha soll mit seinem Hund bei den Schafen bleiben. Doch Micha will das Jesuskind auch sehen. Zusammen mit seinem Hund macht er sich mitten in der dunklen Nacht auf den Weg zur Krippe …

Unterwegs zur Krippe

Der Engel verkündet den Hirten: „Freut euch. Jesus ist heute geboren." In großer Eile brechen die Hirten auf und suchen das Jesuskind. Auch das kleine neugierige Schaf Nicki macht sich auf den Weg, um das Jesuskind zu sehen. Unterwegs trifft es viele Freunde, die es begleiten …

Das Geschenk der Hirten

Der Engel verkündet den Hirten die frohe Botschaft: „Heute ist Jesus, der Retter, geboren." Die Hirten beschließen, noch in der Nacht aufzubrechen. Alle wollen sie das Jesuskind sehen. Doch sie möchten das Jesuskind nicht mit leeren Händen besuchen. Aber sie sind arm. Deshalb überlegen sie gemeinsam, womit sie dem Retter der Welt eine kleine Freude machen könnten …

Der beschenkte Weihnachtsmann

Am Ende des Weihnachtstages kehrt der Weihnachtsmann müde von seiner Reise um die Welt zurück. Wieder einmal hat er mit seinen vielen Geschenken dafür gesorgt, dass Weihnachten ein fröhliches Fest wurde. Als er nach Hause kommt, traut er seinen Augen kaum. Auch auf ihn warten eine Menge Überraschungen …

Wer hilft dem Weihnachtsmann?

Der Weihnachtsmann ist völlig durcheinander. Ausgerechnet am Weihnachtstag haben alle Rentiere die Grippe. Sie können ihm unmöglich helfen, die Geschenke zu den Kindern zu bringen. Zum Glück melden sich bald viele freiwillige Helfer beim Weihnachtsmann …

5. Kreative Schreibwerkstatt

Weihnachtsbücher

Weihnachtsbücher können als Klassenbücher oder als persönliche Bücher während der Adventszeit entstehen. In diesen selbst gemachten Büchern halten die Kinder alle wichtigen Erlebnisse, Gedanken oder Geschichten der Vorweihnachtszeit fest. Sicher werden die Bücher auch gern später im Jahreslauf oder am nächsten Weihnachtsfest betrachtet und gelesen. Sie bieten sich außerdem als ganz persönliches Weihnachtsgeschenk an. Im Kunstunterricht kann ein weihnachtlicher Umschlag, z. B. mit Stempeltechniken, gestaltet werden (vgl. dazu S. 43 bis S. 47). Das Weihnachtsbuch besteht aus einem unlinierten Heft. Es können jedoch auch verschiedenfarbige Blätter mit einer Spirale zu einem Buch zusammengeheftet werden.

- **Advents-Tagebuch**

Die Kinder schreiben jeden Tag Wetterbeobachtungen, besondere Aktivitäten und Erlebnisse auf. Ferner werden Gedichte und Lieder, die die Kinder während dieser Zeit kennen lernen, in das Tagebuch aufgenommen. Zeichnungen und Fotos ergänzen das Buch.

- **Weihnachtsgeschichten**

Die Kinder erfinden in kleinen Gruppen zu einem Rahmenthema Fortsetzungsgeschichten. Diese Geschichten können auch als Comic gestaltet werden. Mögliche Themen: Der Weg der Tiere zur Krippe – Der Hirtenjunge Micha sucht das Jesuskind – Das kleine Gespenst wartet auf Weihnachten – Familie Maus und das Weihnachtsfest – Erlebnisse des Weihnachtsmannes – Kleine Heimlichkeiten

- **Gedichte zur Advents- und Weihnachtszeit**

Die Kinder schreiben Elfchen und Reimgedichte (vgl. S. 106 bis S. 116). Sie entwerfen Piktogramme, setzen bekannte Gedichte neu zusammen oder schreiben Gedichtanfänge weiter.

- **Weihnachtsgeschichte in der Zündholzschachtel**

Die Weihnachtsgeschichte wird als Comic auf einem Papierstreifen gestaltet, der zusammengefaltet in eine Zündholzschachtel passt. Um den Streifen leichter aus der Schachtel zu ziehen, wird am Geschichtenanfang ein Stück Tonpapier in Sternform befestigt. Die Zündholzschachtel wird mit Geschenkpapier beklebt. Natürlich können die Kinder auch selbst erfundene Weihnachtsgeschichten oder Gedichte in die Zündholzschachtel legen.

Liebe Briefe in der Adventszeit

- **Freundschaftsbriefe für den Adventskalender**

Die Namen der Kinder einer Klasse werden auf Lose geschrieben. Jedes Kind zieht vor Beginn der Adventszeit einen Namen und schreibt diesem Kind einen Freundschaftsbrief. Der Absender des Briefes kann geheim bleiben.
In dem Brief werden folgende Satzanfänge fortgesetzt:

Liebe .../Lieber ...
Am meisten mag ich an dir, ...
Es gefällt mir, dass du ...
Ich freue mich besonders, wenn du ...
Ich wünsche dir ...
Was ich dir sonst noch Liebes sagen möchte ...

Jeder Schreiber verziert das Briefpapier und den Umschlag mit weihnachtlichen Motiven und notiert dann den Namen des Empfängers auf dem Umschlag. Dann werden die Briefe an eine Schnur im Klassenzimmer gehängt. Sollten in der Klasse weniger als 24 Kinder sein, ergänzt die Lehrerin den Adventskalender mit Umschlägen, die Rätsel, Spielideen oder Vorlesegeschichten für die Klasse enthalten. Befinden sich in der Klasse mehr als 24 Kinder, so erhalten an manchen Tagen mehrere Kinder ihren Freundschaftsbrief.

- **Was ich dir wünsche**

Zu Beginn jeder Adventswoche zieht jedes Kind ein Los mit dem Namen eines Kindes der Klasse. Es schreibt auf einen Stern, was es dem Kind in dieser Woche besonders wünscht, und befestigt den Stern auf dem Platz des Kindes. Nach einer Woche werden die Wunschsterne entweder mit nach Hause genommen oder an einem großen Tannenzweig im Klassenzimmer befestigt.

- **Weihnachtsbriefe an Freunde und Verwandte**

Jedes Kind wählt Personen (Familienmitglieder, Nachbarn, Verwandte, Freunde) aus, denen es einen besonderen Weihnachtsbrief schenken möchte. Anregungen zum Gestalten des Briefes:

- Was ich an dir besonders mag ...
- Ich wünsche dir zu Weihnachten ...
- Weihnachts-Elfchen
- Lieblingsgedicht
- Piktogramme
- Was ich für dich tun möchte ...

- **Weihnachtspost für liebe Helfer**

Die Kinder schreiben allein oder in kleinen Gruppen Weihnachtsbriefe an den Hausmeister, das Reinigungspersonal, Schulweghelfer, Busbegleiter usw. Anregungen zum Gestalten der Briefe:

- Dafür möchte ich/möchten wir uns besonders bedanken: ...
- Das finde ich/finden wir besonders toll an Ihnen: ...
- Das wünsche ich/wünschen wir Ihnen zu Weihnachten: ...

Der wilde Josef – Eine Geschichte zum Weiterschreiben und Weiterspielen

Der wilde Josef

Im Oktober kam Sebastian in unsere Klasse. Frau Berger, unsere Lehrerin, sagte: „Seid bitte recht nett zu Sebastian, damit er sich bald bei uns wohl fühlt." Das war aber nicht so einfach. Sebastian machte es uns nicht leicht, nett zu sein. Er brüllte oft wie ein Stier mitten im Unterricht herum. Manchmal stand er plötzlich auf und schmierte irgendeinem ins Heft. In der Pause kam es regelmäßig zu Streitigkeiten oder Prügeleien. Bald war uns allen klar: Sebastian ist an allem schuld. Natürlich stimmte das nicht immer, aber meistens schon. Manchmal tat mir Sebastian auch Leid. Im Morgenkreis am Montag erzählte er regelmäßig, dass er am Wochenende bei irgendwelchen Nachbarn oder Verwandten war. Seine Eltern schienen nie etwas mit ihm zu unternehmen. Außerdem kam es öfter vor, dass Sebastian tagelang mit einem schmutzigen Pulli in die Schule kam. Überhaupt hatte er keine coolen Klamotten.

Wirklich unfair war es von Frau Berger, als sie Sebastian an unseren Gruppentisch setzte. Franziska, Jonas und ich verstanden die Welt nicht mehr. Warum musste dieser Sebastian ausgerechnet bei uns sitzen? Und wirklich: Bald vermisste ich meinen neuen Füller. Sebastian hatte ihn gestohlen. So viel stand für mich fest. Sebastian stritt natürlich alles ab. Aber wir waren uns ganz sicher. Sebastian hatte meinen Füller doch so angestarrt. Außerdem waren seine Schulsachen in einem schrecklichen Zustand. Am nächsten Tag fand Selina meinen Füller im Musikraum. Sie musste ihn natürlich gleich Frau Berger zeigen. Frau Berger sah mich streng an und zog die Augenbrauen hoch. Ich wusste, was das zu bedeuten hatte. Sie sprach dann sehr ausführlich über die schlimmen Folgen von falschen Verdächtigungen und Vorurteilen. Ich musste mich bei Sebastian mit einem Brief entschuldigen. Das fiel mir nicht leicht. Als ich ihm mit hochrotem Kopf den Brief zusteckte und „Entschuldigung" murmelte, sah mich Sebastian ganz freundlich an. Dann entgegnete er: „Ist schon gut, Anja. Ich nehme deine Entschuldigung an."

Ende November verkündete Frau Berger feierlich: „Wir führen dieses Jahr bei der großen Schul-Weihnachtsfeier ein Krippenspiel auf." Nach dem Lesen des Stücks wurden die Rollen verteilt. Wir waren ziemlich aufgeregt. Fast alle wollten die Rollen von Maria und Josef. Frau Berger blickte etwas hilflos herum, als sich so viele Kinder meldeten. Auch Sebastian wollte den Josef spielen. Und ich wollte auf jeden Fall die Maria sein. Da rief Franziska: „Dann losen wir doch einfach aus.“ Alle fanden, dass das eine gute Idee sei. Auch ich. Ich war ganz nervös, als ich ein Los zog. Es war eine Niete. Selina hatte Glück. Sie sollte die Maria spielen. Dann wurde die Josefsrolle verlost. Ausgerechnet Sebastian zog das Los. Er jubelte und wir sahen uns betroffen an. Es war ganz leise in der Klasse. Frau Berger konnte das doch unmöglich zulassen. Aber sie tat es. Es sah sogar fast so aus, als ob es ihr ganz recht war, dass Sebastian diese Rolle bekam. Selina sah plötzlich gar nicht mehr glücklich aus. Sie lief feuerrot an und schrie dann: „Wenn der den Josef spielt, will ich nicht die Maria sein.“ Auf einmal wollte kein Mädchen in der Klasse die Maria spielen. Frau Berger meinte nur: „Na gut, ein Krippenspiel ohne Maria ist wohl nicht möglich. Überlegt es euch.“ In der Pause redeten dann alle auf mich ein. Am Ende erklärte ich mich dazu bereit, die Rolle der Maria zu übernehmen. Aber nur unter der Voraussetzung, dass Sebastian seine Rolle lernen und uns nicht blamieren würde. „Warum sollte er uns blamieren?“, lachte Frau Berger.

Die anderen in meiner Klasse waren sehr erleichtert. Selina sah mich mitleidig an. Und sie sollte Recht behalten. Ich ließ mir für meine Rolle von Oma ein wunderschönes Kleid nähen. Nur Sebastian brachte nichts mit. Ich konnte meinen Text gleich nach dem Wochenende. Sebastian stotterte nach einer Woche immer noch herum. Er blieb regelmäßig an der gleichen Stelle hängen. Oder er verpasste seinen Einsatz ganz. Es war einfach zum Verzweifeln. Als ich Mama davon erzählte, hatte sie wieder einmal ihre tollen Einfälle. „Lade Sebastian zu uns ein. Ihr könnt dann in der Verkleidungskiste auf dem Dachboden nach passenden Sachen suchen. Außerdem könnt ihr eure Rollen üben.“ Zwar sträubte ich mich gewaltig gegen diese Idee. Aber am Ende musste ich doch einsehen, dass Mama Recht hatte. „Am besten bringst du ihn gleich zum Mittagessen mit“, rief mir Mama im Flur nach. „Ja, ja“, brummte ich. „Warum übernachtet er nicht gleich noch bei uns.“

Sebastian strahlte, als ich ihn einlud. „Ich komm gleich heute mit“, beschloss er. „Ja, musst du denn nicht erst zu Hause Bescheid sagen?“, entgegnete ich. „Nö, ist nicht nötig“, erwiderte er. „Bei mir ist erst am Abend jemand zu Hause. Außerdem merken die nicht, wenn ich mal nicht da bin.“ Mama freute sich über Sebastians Besuch. Nach dem Essen schlug sie vor, dass wir erst gemeinsam die Hausaufgaben machen sollten, bevor wir auf den Dachboden gingen. Sebastian nickte eifrig. Also was blieb mir übrig? Mit den

Matheaufgaben kam ich mal wieder nicht klar. „Diese blöden Sachaufgaben“, murmelte ich vor mich hin und wollte gerade Mama um Hilfe bitten. Da rutschte Sebastian zu mir rüber und fing an, mir die Aufgaben zu erklären. Das konnte er wirklich gut. Bei den Aufgaben im Sprachbuch habe ich ihm dann geholfen, sonst hätten wir den ganzen Nachmittag nur Hausaufgaben gemacht.
Auf dem Dachboden wurde es recht lustig. Sebastian probierte die verschiedensten Sachen an. Mal trat er als vornehme Dame, mal als Clown auf. Ich lachte Tränen und klatschte immer wieder Beifall. „Du bist ja ein toller Schauspieler“, lobte ich ihn. „Da verstehe ich gar nicht, dass du deinen Text immer noch nicht kannst.“ „Das ist, weil ich in der Schule immer so aufgeregt bin. Ich kann mir den Text einfach nicht genau merken. Und wenn ich einen Fehler mache, dann lachen alle immer gleich über mich. Dann kann ich mich überhaupt nicht mehr konzentrieren und hab nur noch eine Riesenwut auf euch“, erklärte Sebastian. Verlegen sah ich zu Boden. Es stimmte ja, was Sebastian da sagte. Irgendwie stand für uns von Anfang an fest, dass Sebastian nicht in unsere Klasse passte. „Ich muss jetzt gehen“, sagte Sebastian schließlich nach einer langen Pause. „Kommst du morgen wieder?“, fragte ich zögernd. „Wir müssen doch proben. Und außerdem haben wir immer noch keine passende Verkleidung für dich ausgesucht.“ Sebastian nickte. „Klar komme ich wieder, wenn du das willst.“
In der Schule sprach es sich schnell herum, dass Sebastian bei mir war. Selina schrie mir in der Pause hinterher: „Na, wann ist die Hochzeit mit dem wilden Josef?“ Alle lachten. Das hat ziemlich wehgetan. Aber die hatten ja überhaupt keine Ahnung. Und Selina war bloß neidisch, dass sie nicht die Maria spielte. Sebastian kam auch an diesem Tag gleich nach der Schule zu mir mit nach Hause. Dieses Mal suchten wir passende Sachen für ihn aus. Ich fand, dass Sebastian jetzt gut zu mir passte. Dann übten wir die Rollen. An den nächsten Tagen trafen wir uns regelmäßig. Zuerst übten wir immer eine Weile, dann spielten wir zusammen. Mal machten wir ein Computerspiel, mal verkleideten wir uns auf dem Dachboden oder Sebastian erzählte Witze. Das konnte er einfach prima. In der Schule klappte es auf einmal besser mit Sebastian. Als Selina mal wieder ihren Spottvers auf den wilden Josef sang, redete ich Klartext mit ihr. Seitdem war Ruhe.
Dann kam der Tag der Aufführung. Wir hatten alle schreckliches Lampenfieber. Durch einen Spalt im Vorhang sahen wir hinunter zu den Zuschauern. Da unten saßen die Mamas, Papas, Opas, Omas

und Tanten. Nur von Sebastians Familie war niemand gekommen. Seine Enttäuschung konnte ich ihm im Gesicht ablesen. „Dann brauche ich nicht zu spielen. Ist ja eh keiner da, der mir zuschaut", brummte er. „Doch", flüsterte ich ihm zu. „Alle warten auf unser Krippenspiel. Das kannst du den Zuschauern und uns nicht antun." Aber Sebastian knöpfte langsam seinen Mantel auf. Als Selina das sah, stürzte sie auf Sebastian zu und rief: „Nein, tu das nicht. Ohne dich können wir das Stück nicht spielen." Da umringten ihn auch die anderen aus der Klasse und schließlich überzeugten wir Sebastian, dass er uns jetzt nicht im Stich lassen konnte. Die Aufführung wurde ein großer Erfolg. Sebastian sprach seinen Text zwar etwas anders als auf dem Textblatt. Aber das wusste ja keiner der Zuschauer. Die waren jedenfalls sehr begeistert. Der Applaus wollte nicht enden und immer wieder mussten wir uns verbeugen. Auch Frau Berger war mächtig stolz auf uns.

Am vorletzten Tag vor den Ferien stellte uns Frau Berger eine besondere Hausaufgabe. Wir sollten an jemanden einen lieben Brief schreiben. Darin sollte stehen, was wir an ihm besonders mögen und was wir ihm wünschen. Ich wusste sofort, an wen ich diesen Brief schreiben würde. Übrigens bekam Sebastian ganz viele Briefe am letzten Schultag. Auch ich erhielt einen sehr lieben Brief. Das war für mich ein ganz besonderes Weihnachtsgeschenk.

Anna Merzinger

Aufträge

1. Anja hatte Sebastian verdächtigt, ihren Füller gestohlen zu haben. Dafür soll sie sich bei ihm entschuldigen.
   → Spielt die Entschuldigung.
   → Überlegt, was Anja Sebastian schreiben könnte. Schreibt den Entschuldigungsbrief.
2. Kurz vor der Theateraufführung will Sebastian nicht mehr auftreten. Die anderen Kinder können ihn umstimmen. Spielt die Szene in der Gruppe.
3. Anja schreibt Sebastian einen Freundschaftsbrief. Was mag sie an Sebastian?
   Schreibt den Brief.
   → Überlegt auch, wer sich bei euch über einen solchen Brief freuen würde. Schreibt einander Freundschaftsbriefe.
4. Spielt „Was ich an dir mag". Ein Kind sitzt in der Mitte. Die Kinder im Kreis werfen ihm einen Ball zu und sagen dabei, was sie gut an ihm finden.

Elfchen und „avenidas-Gedichte“

Elfchen (KV 1)

Sobald die Kinder den Bauplan eines Elfchens (siehe Kopiervorlage 1, S. 108) verstanden haben, schreiben sie solche Gedichte zu weiteren weihnachtlichen Begriffen. Die Gedichte werden in einem Gemeinschaftsbuch der Kinder veröffentlicht. Sie können auch Weihnachtskarten bereichern. Besonders schön ist es, wenn die Kinder zum Wort zeichnen und das Elfchen dann in die Zeichnung schreiben. Mit diesen weihnachtlichen Elfchen-Figuren lassen sich Tannenzweige schmücken.

Bauplan eines Elfchens:
ein Wort – Nomen
zwei Wörter – Wo befindet sich der oben genannte Begriff
drei Wörter – Aussage über das Nomen
vier Wörter – Aussage in Ich-Form
ein Wort – Quintessenz

„avenidas-Gedichte“ (KV 2)

Neben Elfchen gibt es eine weitere interessante Gedichtform (siehe Kopiervorlage 2, S. 109). Sie geht auf Eugen Gomringers berühmtes spanisches Gedicht „avenidas“ zurück, das einen einprägsamen Aufbau besitzt. Diesen kann man entweder vorgeben oder von den Kindern anhand des Originals erarbeiten und abwandeln lassen (statt Nomen beispielsweise Adjektive verwenden). Gomringers Gedicht besteht aus Nomen, die durch die Konjunktion „und“ miteinander verbunden werden.
Die letzte Zeile beinhaltet die Pointe, die die aufgebaute Stimmung entweder unterstreicht oder zerstört. Die Kinder sammeln zunächst in Gruppen möglichst viele Nomen, die sie mit Advent und Weihnachten assoziieren. Die Begriffe werden auf Wortkarten geschrieben und dann zu „avenidas-Gedichten“ zusammengebaut.
Bauplan des „avenidas-Gedichtes“ (jede Zahl steht für ein Nomen):
1
1 und 2
2
2 und 3
1
1 und 3
1 und 2 und 3 und
4

Tipp:
Es ist auch reizvoll, bekannte Advents- und Weihnachtsgedichte zeilenweise zu zerschneiden und zu neuen Gedichten zusammenzusetzen. Außerdem können die Kinder die Anfänge bekannter Lieder oder Gedichte mit eigenen Texten fortsetzen.

Reime rund um die Weihnachtszeit (KV 3 – 9)

Zunächst überlegen sich die Kinder in Kleingruppen Reimpaare oder Zweizeiler mit Endreim zu weihnachtlichen Begriffen. Die Ergebnisse werden auf Reimkarten festgehalten und für alle sichtbar ausgestellt. Anschließend versuchen die Kinder mithilfe ihrer Karten längere Gedichte zu schreiben. Weitere Anregungen bieten die Kopiervorlagen 3 bis 9.

Name: ______________________________ KV 1

Weihnachts-Elfchen

Sterne
am Himmel
funkeln wie Diamanten.
Ich träume von Weihnachten.
Bald!

So ist ein Elfchen aufgebaut:

1. Zeile: Ein Wort	→	Namenwort ☆, das zu Advent oder Weihnachten passt.
2. Zeile: Zwei Wörter	→	Wo ist ☆?
3. Zeile: Drei Wörter	→	Wie ist ☆ oder was macht ☆?
4. Zeile: Vier Wörter	→	Ein Satz, der mit „Ich“ beginnt.
5. Zeile: Ein Wort	→	Schlusswort

Schreibe jetzt dein Weihnachts-Elfchen.

____

__________ __________

__________ __________ __________

__________ __________ __________ __________

____

Diese Wörter kannst du vielleicht brauchen:
Engel, Kerze, Licht, Tannenbaum, Krippe, Hirte, Schaf, Plätzchen

Name: ______________________________ KV 2

Weihnachts-Gedicht

Engel
Engel und Hirte
Hirte
Hirte und Freude
Engel
Engel und Freude
Engel und Hirte und Freude und
Frieden

So ist dieses Gedicht aufgebaut:

Namenwort 1
Namenwort 1 und Namenwort 2
Namenwort 2
Namenwort 2 und Namenwort 3
Namenwort 1
Namenwort 1 und Namenwort 3
Namenwort 1 und Namenwort 2 und Namenwort 3 und
Namenwort 4

Schreibe jetzt dein eigenes Weihnachts-Gedicht.

____

____________ und ____________

____

____________ und ____________

____

____________ und ____________

____________ und ____________ und ____________ und

____

Name: ___________________________ KV 3

Weihnachten

Weißt du, wie Weihnachten riecht?
Nach Bratäpfeln mit Mandeln und Zimt,
die liebt jedes K__________.
Nach Tannenzweigen aus dem Wald,
die mit Lichtern geschmückt werden b________.
Nach Anis und Apfelsinen
und nach einem Sack voll M_______________________.

Weißt du, wie Weihnachten schmeckt?
Nach Plätzchen und Lebkuchen,
die wir heimlich ver_________________.
Nach heißem Tee und Punsch aus der Kanne
in gemütlichen Stunden unter der T_______________.
Nach Nüssen und Sternen aus Marzipan
und einem süßen Schokoladen-M____________.

Weißt du, wie Weihnachten klingt?
Nach Glocken hell und klar
und dem Singen der Engel-Sch___________.
Nach Flüstern und Knistern, ganz leise,
im ganzen Haus auf geheimnisvolle W_____________.
Nach Liedern, die künden von Frieden und Freud,
allen Menschen auf Erden h____________.

Anna Merzinger

Tipp:

- Lasst euch die Augen verbinden. Riecht an Filmdosen, die ihr mit weihnachtlichen Gewürzen gefüllt habt. Probiert weihnachtliche Leckereien und ratet.

Name: ______________________________ KV 4

An der Krippe

Der Engel hat uns die Botschaft gebracht.
Seht nur,
wie freundlich das Kind uns ____________.
Jetzt stehen wir an der Krippe hier.
Das wollen wir, liebes Kind, schenken _______.

Du willst uns Menschen aus unsrer Not retten,
lieg weich und sicher in diesen ___________________________.

Du machst unsre Herzen weit und froh,
hier nimm von mir den _______________________________.

In uns den Wunsch nach Frieden wecke,
es wärme dich jetzt meine ______________________.

Du bist die Hoffnung von so vielen,
das Kuschelltier schenk ich dir zum ____________________.

Du machst uns Menschen von Angst frei,
Ich gebe dir diese __________________________________.

Unsere Finsternis machst du hell,
dir schenke ich gern mein________________.

Du bist der König der Liebe in unseren Herzen,
ein Zeichen dafür sind unsere ___________________________.

Anna Merzinger

Federbetten • Wolldecke • Fell
• anlacht • Ballen Stroh • Spielen
• dir • brennenden Kerzen
• Schüssel Brei

Tipp:
- Spielt, wie die Hirten das Jesuskind beschenken.

Name: ______________________________ KV 5

Was ich mir zu Weihnachten wünsche

Ich wünsche mir
ein __________________________,
ein dickes buntes Lexikon
und ein eignes __________________________,
für meinen Computer bitte recht viele,
neue, spannende und rasante _______________,
einen Kasten zum Experimentieren,
oder eine Ausrüstung zum __________________________.
Auch darüber würde ich mich freuen sofort,
bekäme ich ein Super-__________________________.
Rückt das Weihnachtsfest immer näher,
sehn ich mich nach meinem eignen __________________________.
Zum Schluss noch ein Wunsch, ein ganz kleiner,
ich bräuchte dringend neue ____________________.
Doch wenn ich es recht bedenke,
gibt es Wichtigeres als diese ____________________.
Zum Träumen mehr Zeit,
Spielen ohne ________________
und Freunde, die gern mit mir lachen.
Das alles ist wichtiger
als die anderen ____________________.

Anna Merzinger

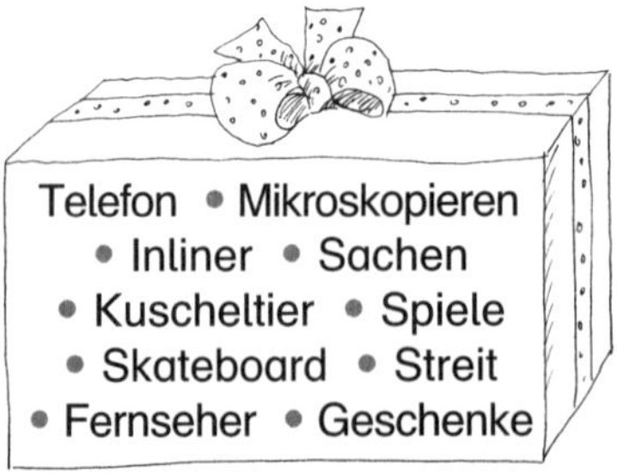

Name: ______________________________ KV 6

Oh, du hektische Adventszeit!

Alle Menschen eilig laufen,
tun nur eines – k______________, k______________.
Jeder grübelt und bedenkt,
was er seinen Lieben sch________________.
Selbst die Oma wird nervös,
und der Opa brummt ganz b__________.
Vorbei sind Ruhe und Besinnlichkeit,
ist das Weihnachtsfest nicht w____________.
Die Mama seufzt und klagt im Stress:
Dass ich nur ja nichts v_______________!

Doch wenn ich es recht bedenk,
weiß ich für jeden schon lange das passende
G_______________:
Zeit zum Erzählen von Geschichten,
Zeit zum Lesen von G_______________________,
Zeit zum Singen der frohen Lieder,
Zeit zum Briefeschreiben w_______________.
Zeit zum Schmücken den grünen Kranz,
und Zeit zum Träumen vom Lichterg________________.

Anna Merzinger

Tipps:
- Wofür möchtet ihr im Advent Zeit haben? Sprecht darüber.
- Schreibt eure Wünsche für die Adventszeit auf.
- Gestaltet gemeinsam eine kleine Feier für jede Woche im Advent.

Name: ______________________________ KV 7

Was ich an Weihnachten tue

Langeweile kenn ich nicht,
wenn die Weihnachtszeit an__________________.

Erst schmücke ich den Tannenbaum
mit Kugeln und Kerzen zum Lichtertr______________.
Auch die Krippe mit Schafen und Kamelen
darf unterm Weihnachtsbaum nicht f________________.
Vom Dachboden hol ich den großen Stern,
Lieder auf der Flöte spiel ich jetzt g____________.
Ich sage auf ein langes Gedicht,
davor fürcht ich mich wirklich n_____________.

Und ist dann die Bescherung gewesen,
lieg ich unterm Christbaum zum L________________
der spannendsten Abenteuer
von Robinson und vom Seeun___________________.
Mit meiner Eisenbahn fahr ich geschwind
um den Christbaum herum zum Jesus______________.
Fallen mir dann die Augen zu,
bin ich im Weihnachtstraumland im N_____.

So vergehen die Weihnachtstage
viel zu schnell – wenn ich dir's s__________.

Anna Merzinger

Tipp:
- Was wollt ihr an Weihnachten machen? Sprecht über eure Pläne.

Name: ______________________ KV 8

Süße Weihnachtszeit

Oh, du süße Weihnachtszeit
hältst so viel Leckeres bereit!

Zum Versuchen
feine ______________________,
für Naschkätzchen
viele ______________________,
so viel ich essen kann
Obst aus ________________,
eine endlose Parade
mit Männern aus ______________________,
wenn wir probieren wollen,
verschiedene Sorten von ____________________,
gewiss wir nicht lange suchen müssen,
nach dem großen Sack mit ________________,
und die kleine Weihnachtsmaus
bekommt das ____________________________.

Eins nur will ich allen sagen:
Sollen Bauchschmerzen euch nicht plagen,
esst nicht zu viel von allen süßen Sachen,
dann wird das Naschen stets Freude machen.

Anna Merzinger

Marzipan • Nüssen • Lebkuchen • Pfefferkuchenhaus
Schokolade • Plätzchen • Stollen

Tipps:

- Was nascht ihr gern zu Weihnachten? Sprecht in der Gruppe darüber. Schneidet weihnachtliche Leckereien aus Werbeprospekten aus. Gestaltet eine Collage damit.
- Backt und verziert Plätzchen für die Weihnachtsfeier.

Name: ______________________ KV 9

Unsere Gedichte-Werkstatt

Alle Jahre wieder

______________________.

Wenn leise rieselt der Schnee,

______________________.

Bald nun ist Weihnachtszeit.

______________________.

Lasst uns froh und munter sein

______________________.

1. Ergänzt die Zeilen mit den passenden Reimen.

schmeckt uns der heiße Tee.

Das große Fest ist nicht mehr weit.

und uns auf das Christkind freuen.

singen wir gern Weihnachtslieder.

2. Dichtet selber weiter.

Zumba, zumba Weihnachtszeit

______________________.

Süßer die Glocken nie klingen

______________________.

Ihr Kinderlein kommet

______________________.

Eine große Freud verkünd ich euch

______________________.

Fröhliche Weihnacht überall

______________________.

3. Sicher kennt ihr noch andere Liedanfänge. Reimt weiter.

6. So gut schmeckt die Advents- und Weihnachtszeit

Die folgenden Rezeptkarten werden von den Kindern in kleinen Gruppen erprobt. Dabei entstehen kleine Leckereien für die Advents- oder Weihnachtsfeier oder zum Verkauf auf dem Weihnachtsbasar der Schule.

Leckeres aus Nüssen

Schokoladennüsse

Das braucht ihr dazu:

- eine Tafel Vollmilchschokolade
- 50 Gramm gehackte Walnüsse
- 50 Gramm Cornflakes
- einen großen und einen kleinen Kochtopf
- Kochlöffel und Teelöffel
- Backpapier oder kleine Papierförmchen

So wird es gemacht:

- Brecht die Schokolade in kleine Stückchen. Füllt die Schokoladenstückchen in den kleinen Topf.
- Stellt den Topf mit der Schokolade in den großen Topf. Gießt in den großen Topf warmes Wasser. Stellt den Topf auf die heiße Herdplatte.
- Sobald die Schokolade geschmolzen ist, nehmt ihr den kleinen Topf vorsichtig aus dem Wasser. Mischt mit dem Kochlöffel die Walnüsse und die Cornflakes unter die Schokolade.
- Lasst die Masse etwas abkühlen. Setzt dann mit dem Teelöffel kleine Häufchen der Masse auf das Backpapier. Ihr könnt die Häufchen auch in kleine Papierförmchen setzen.
- Damit die Masse ganz fest wird, stellt ihr sie in einen kühlen Raum.

Weihnachtstraum-Nüsse

Das braucht ihr dazu:

- Walnusskerne
- Marzipan
- eine Tafel Vollmilchschokolade
- Zahnstocher
- einen großen und einen kleinen Kochtopf
- Styroporplatte

So wird es gemacht:

- Klebt immer zwei Nusskerne mit Marzipan zusammen.
- Spießt die Nusskerne dann auf Zahnstocher.
- Brecht die Schokolade in kleine Stückchen. Füllt die Schokoladenstückchen in den kleinen Topf.
- Stellt den Topf mit der Schokolade in den großen Topf. Gießt in den großen Topf warmes Wasser. Stellt den Topf auf die heiße Herdplatte.
- Sobald die Schokolade geschmolzen ist, nehmt ihr den kleinen Topf vorsichtig aus dem Wasser.
- Taucht die Zahnstocher mit den Nüssen in die geschmolzene Schokolade.
- Bis die Schokolade fest ist, steckt ihr die Zahnstocher in die Styroporplatte.

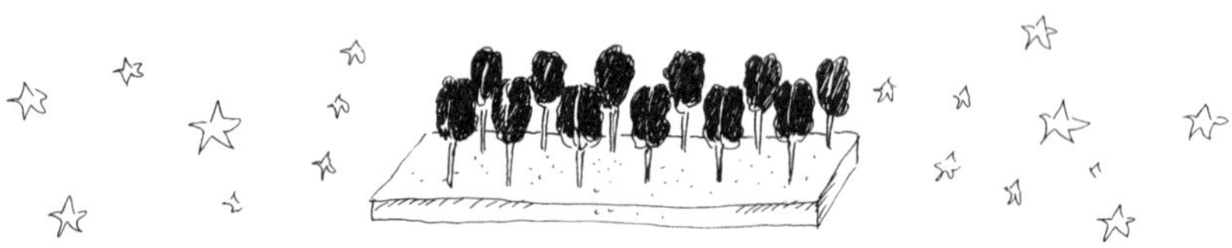

Aus der Weihnachtsbäckerei

Buntes Buttergebäck

Das braucht ihr dazu:

- 200 Gramm Butter
- 125 Gramm Puderzucker
- zwei Päckchen Vanillezucker
- vier Eigelb
- 275 Gramm Mehl
- bunte Zuckerstreusel
- Kondensmilch (Kaffeemilch)
- eine große Schüssel und eine Tasse
- Teigroller, Esslöffel und Kuchenpinsel
- verschiedene Plätzchen-Ausstechformen
- Backblech und Backpapier

So wird es gemacht:

- Schlagt vorsichtig die Schale der Eier auf. Trennt das Eigelb vom Eiweiß.
- Gebt in die große Schüssel Mehl, Puderzucker, Vanillezucker, Butter und drei Eigelb. Knetet die Zutaten zu einem Teig zusammen.
- Stellt den fertigen Teig eine Stunde in den Kühlschrank.
- Streut etwas Mehl auf die Arbeitsfläche. Rollt den Teig mit dem Teigroller zu einer dünnen Platte aus. Stecht mit den Formen Plätzchen aus.
- Legt Backpapier auf ein Backblech. Setzt die ausgestochenen Plätzchen darauf.
- Rührt in der Tasse ein Eigelb und einen Esslöffel Kondensmilch an. Bestreicht damit die Plätzchen. Verziert die Plätzchen außerdem mit bunten Zuckerstreuseln.
- Lasst die Plätzchen ungefähr 15 Minuten bei 175 Grad backen.

Vanillehörnchen

Das braucht ihr dazu:

- 250 Gramm Mehl
- 100 Gramm Zucker
- ein Päckchen Vanillezucker
- drei Eigelb
- 200 Gramm Butter
- 100 Gramm gemahlene Mandeln
- eine große Schüssel
- Backblech und Backpapier

So wird es gemacht:

- Schlagt vorsichtig die Schale der Eier auf. Trennt das Eigelb vom Eiweiß.
- Gebt in die Schüssel Mehl, Zucker, Butter, Mandeln und die drei Eigelb. Knetet die Zutaten zu einem Teig zusammen.
- Stellt den Teig eine Stunde in den Kühlschrank.
- Legt das Backpapier auf das Backblech.
- Formt aus dem Teig kleine Hörnchen und legt sie auf das Backpapier.
- Backt die Hörnchen 15 bis 20 Minuten bei 190 Grad.
- Bestreut die heißen Vanillehörnchen mit Vanillezucker.

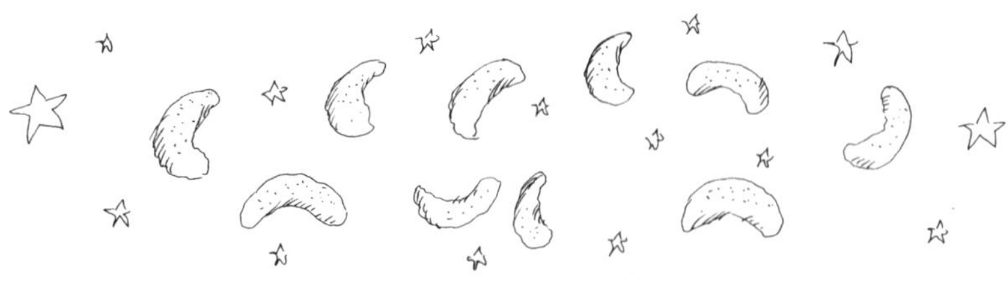

Fruchtige Haferflockenplätzchen

Das braucht ihr dazu:

- 250 Gramm Butter
- 100 Gramm Zucker
- ein Päckchen Vanillezucker
- eine Messerspitze Salz
- einen halben Teelöffel Zimt
- drei Eier
- 250 Gramm Backpflaumen ohne Kerne
- 100 Gramm gehackte Walnüsse
- 300 Gramm kernige Haferflocken
- einen Teelöffel Backpulver
- zwei Backbleche mit Backpapier
- Mixgerät und zwei große Schüsseln
- Messer, Küchenbrett und einige Esslöffel

So wird es gemacht:

- Hackt die Backpflaumen mit dem Messer in kleine Stücke. Mischt die Backpflaumen mit den Walnüssen, den Haferflocken und dem Backpulver in einer Schüssel.
- Gebt Butter, Zucker, Vanillezucker, Salz und Zimt in die andere Schüssel. Rührt die Zutaten mit dem Mixgerät so lange, bis sie schaumig sind. Gebt dann nacheinander die Eier dazu und rührt weiter.
- Gebt die Haferflockenmischung dazu und verrührt sie mit den anderen Zutaten.
- Setzt mit einem feuchten Esslöffel Häufchen auf das Backpapier.
- Backt die Plätzchen ungefähr 25 Minuten bei 140 Grad.

Tipp:

- Statt der Backpflaumen könnt ihr auch die gleiche Menge Rosinen, Feigen oder Datteln verwenden.

Nussplätzchen

Das braucht ihr dazu:

- 300 Gramm Zucker
- drei Eier
- ein Eigelb und etwas Wasser
- einen Teelöffel Lebkuchengewürz
- 200 Gramm gehackte Haselnüsse
- 100 Gramm gehackte Mandeln
- 200 Gramm Mehl
- eine Messerspitze Backpulver
- 100 Gramm Orangeat
- 100 Gramm Zitronat
- 100 Gramm Rosinen
- 100 Gramm Kuvertüre
- zwei Backbleche mit Backpapier
- zwei große Schüsseln, Küchenbrett, Tasse
- ein Messer, Raspel, Küchenpinsel und einen Esslöffel
- ein Mixgerät

So wird es gemacht:

- Hackt das Orangeat und das Zitronat sehr fein mit dem Messer auf dem Küchenbrett. Gebt es dann in eine Schüssel. Mischt die Zutaten mit den Rosinen und etwas Mehl.
- Gebt den Zucker, die drei Eier und das Lebkuchengewürz in die andere Schüssel. Rührt die Zutaten mit dem Mixgerät schaumig.
- Rührt mit einem Esslöffel die Haselnüsse und Mandeln unter.
- Gebt dann das Mehl und das Backpulver dazu und verrührt es vorsichtig mit dem Mixgerät.
- Gebt die Fruchtmischung (Orangeat, Zitronat, Rosinen) dazu und vermengt die Früchte mit dem Teig.
- Raspelt die Kuvertüre und mischt sie mit dem Teig.
- Formt aus dem Teig eine Rolle und schneidet ungefähr fünf Millimeter dicke Scheiben ab. Legt die Scheiben auf das Backpapier.
- Verrührt das Eigelb mit etwas Wasser in der Tasse. Bestreicht damit dünn die Oberfläche der Plätzchen.
- Backt die Plätzchen ungefähr 15 Minuten bei 160 Grad.

Marzipan-Weintrauben-Muffins

Das braucht ihr dazu:

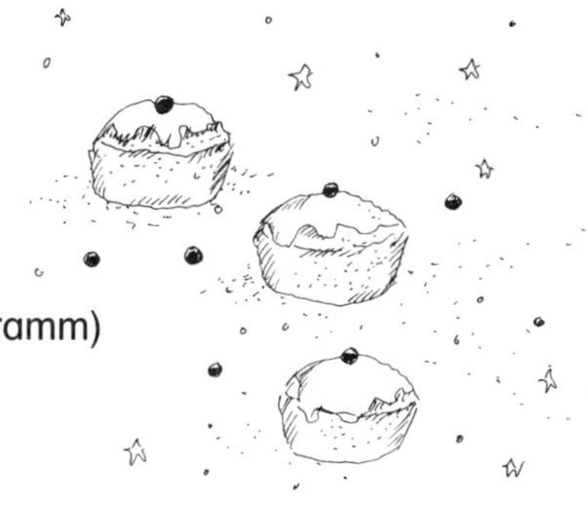

- zweieinhalb Tassen Mehl
- zwei Teelöffel Backpulver
- eine halbe Tasse Zucker
- ein Päckchen Vanillezucker
- drei Eier
- eine halbe Packung Butter (125 Gramm)
- eine dreiviertel Tasse Milch
- 100 Gramm Marzipan-Rohmasse
- 250 Gramm kernlose Weintrauben
- etwas Puderzucker zum Bestreuen
- einen kleinen Kochtopf und eine große Schüssel
- Kochlöffel und Mixgerät
- Messer, Schneidebrett, Muffinformen, Küchentuch

So wird es gemacht:

- Wascht die Weintrauben. Lasst sie abtropfen und tupft sie mit einem Küchentuch trocken. Entfernt die Stiele.
- Stellt den kleinen Kochtopf mit der Butter auf die Herdplatte. Lasst die Butter zerlaufen. Nehmt den Topf mit der zerlassenen Butter vom Herd. Lasst die Butter abkühlen.
- Gebt in die Schüssel die Butter, die Eier, den Zucker, den Vanillezucker und die Milch. Rührt die Zutaten mit dem Mixgerät schaumig.
- Gebt das Mehl und das Backpulver dazu und rührt vorsichtig weiter, bis aus den Zutaten ein Teig entsteht.
- Schneidet die Marzipan-Rohmasse auf dem Schneidebrett in sehr kleine Stücke. Gebt die Marzipanstücke zum Teig. Rührt mit dem Mixgerät den Teig, bis alle Zutaten gut vermischt sind.
- Gebt den Teig in die Muffinformen. Füllt die Formen aber nur etwa dreiviertel voll. Verwendet ihr keine Papierformen, müsst ihr die Blechformen vorher dünn mit Margarine bestreichen und mit Mehl bestäuben.
- Drückt zwei bis drei Weintrauben in den Teig jeder Muffinform.
- Backt die Muffins ungefähr 25 Minuten bei 180 Grad.
- Habt ihr Blechformen benutzt, müsst ihr die Muffins noch zehn Minuten in der Form stehen lassen. Löst sie dann vorsichtig mit einem Messer heraus. Sobald die Muffins kalt sind, könnt ihr sie mit etwas Puderzucker bestreuen.

(Nach: Die besten Tassenkuchen & Schüttelkuchen. Dr. Oetker Verlag, Bielefeld 2002, S. 208)

Ein Knusperhaus für eilige Bäcker

Das braucht ihr für jedes kleine Knusperhaus:

- drei Spekulatius-Kekse
- einen Dominostein
- einige bunte Schokolinsen und Gummibärchen
- 150 Gramm Puderzucker
- ein Eiweiß
- Mixgerät
- kleine hohe Schüssel, Kuchenpinsel, Esslöffel
- Unterlage (z. B. Frühstücksbrett)
- Serviette mit Weihnachtsmotiv

So wird es gemacht:

- Trennt vorsichtig Dotter und Eiweiß eines Eis. Schlagt das Eiweiß in einer hohen Schüssel mit dem Mixgerät zum festen Eischnee. Rührt dann den Puderzucker unter, bis ein zähflüssiger Brei entstanden ist.
- Klebt die drei Spekulatius-Kekse mit dem Zuckerguss zu einem Dreieck zusammen. Verwendet dazu den Kuchenpinsel. Arbeitet auf der Unterlage.
- Klebt den Dominostein mit Zuckerguss als Kamin fest.
- Setzt einige Gummibärchen in das Haus und klebt sie mit Zuckerguss fest.
- Zum Schluss verziert ihr das Dach mit bunten Schokolinsen und setzt das Knusperhaus auf die Serviette

Tipps:

- Versucht, aus vielen Spekulatius-Keksen gemeinsam ein großes Knusperhaus zu bauen.
- Baut ein Dorf. Denkt euch verschieden große Hausformen aus. Belegt ein Blech mit weißem Papier. Ordnet darauf die Häuser an. Bestreut die Häuser mit etwas Puderzucker. Dann sieht es aus, als ob es geschneit hätte.

Weihnachtspunsch

Punsch mit Blutorangensaft

Das braucht ihr dazu:

- drei Beutel Weihnachts-Früchtetee-Mischung
- einen Viertelliter frisch gepressten Blutorangensaft
- sechs Esslöffel braunen Kandiszucker
- eine ungespritzte Orange
- einen halben Liter Wasser
- Kochtopf mit Deckel
- Wasserkocher
- Messer und Schneidebrett
- Schöpfkelle und Kochlöffel

So wird es gemacht:

- Schneidet die ungespritzte Orange in sehr dünne Scheiben. Arbeitet auf dem Schneidebrett.
- Bringt das Wasser zum Kochen. Legt die Teebeutel in den Kochtopf und gießt das heiße Wasser darüber.
- Deckt den Kochtopf zu und lasst den Tee zehn Minuten ziehen.
- Entfernt die Teebeutel. Rührt den Zucker ein. Gebt den Orangensaft dazu.
- Stellt den Kochtopf auf die Herdplatte und erhitzt den Punsch so lange, bis sich der Zucker vollständig aufgelöst hat. Rührt immer wieder um.
- Schöpft den Punsch in Tassen. Gebt in jede Tasse eine Orangenscheibe dazu.
- Trinkt den Punsch warm.

Apfelsaft-Zitronen-Punsch

Das braucht ihr dazu:

- drei Beutel Früchtetee
- einen halben Liter Wasser
- einen halben Liter Apfelsaft
- Zitrone
- drei Teelöffel Honig
- Wasserkocher
- Kochtopf mit Deckel
- Zitruspresse
- Obstmesser und Schneidebrett
- Kochlöffel und Schöpfkelle

So wird es gemacht

- Schneidet die Zitrone in der Mitte auseinander. Arbeitet auf dem Schneidebrett. Presst die Zitrone aus.
- Bringt das Wasser im Wasserkocher zum Kochen. Legt die Teebeutel in den Kochtopf und übergießt sie mit dem heißen Wasser. Deckt den Kochtopf zu und lasst den Tee zehn Minuten ziehen.
- Entfernt die Teebeutel. Gebt den Apfelsaft, den Zitronensaft und den Honig dazu. Rührt kräftig um.
- Stellt den Kochtopf auf die Herdplatte. Erhitzt den Punsch so lange, bis sich der Honig vollständig aufgelöst hat. Vergesst nicht, immer wieder umzurühren.
- Schöpft den heißen Punsch in die Tassen.

Punsch mit Traubensaft

Das braucht ihr dazu:

- zwei Esslöffel losen Früchtetee (Weihnachtstee-Mischung)
- einen halben Liter Wasser
- eine Stange Zimt
- einen viertel Liter ungesüßten Traubensaft (100 % Fruchtgehalt)
- Honig zum Süßen
- Wasserkocher
- feines Teesieb
- zwei Teekannen

So wird es gemacht:

- Füllt in eine Teekanne den losen Früchtetee und die Zimtstange.
- Bringt das Wasser im Wasserkocher zum Kochen. Übergießt damit den Tee. Deckt die Kanne zu und lasst den Tee zehn Minuten ziehen.
- Haltet das Teesieb über die andere Kanne. Gießt den Tee durch das Sieb. Lasst euch dabei helfen.
- Gebt den Traubensaft dazu.
- Gießt den Punsch in die Tassen. Süßt nach Belieben euren Punsch mit einem Teelöffel Honig. Trinkt den Punsch warm.

Die Autorin

Anna Merzinger, Lehrerin an der Grundschule Wiesau/Oberpfalz, Studium der Schulpsychologie, tätig als Betreuungslehrerin und in der Lehrerfortbildung. Weitere Veröffentlichungen im Oldenbourg Schulbuchverlag: Prögel Praxis 223 Sprache untersuchen im 1. und 2. Schuljahr, Prögel Praxis 245 Sprache untersuchen im 3. und 4. Schuljahr, Prögel Praxis 228 Sommer in der Grundschule, Prögel Praxis 230 Winter in der Grundschule, Prögel Kopiervorlagen 105 Deutschunterricht im 3. Schuljahr.